学校では
教えてくれない
大切なこと 18

からだと心

マンガ・イラスト 松本麻希

旺文社

はじめに

テストで100点を取ったらうれしいですね。先生も家族もほめてくれます。でも、世の中のできごとは学校でのテストとは違って、正解が1つではなかったり、何が正解なのかが決められないことが多いのです。

「私はプレゼントには花が良いと思う」「ぼくは本が良いと思う」。どちらが正解ですか。どちらも正解。そして、どちらも不正解という場合もありますね。

山登りで仲間がケガをして動けない。こんなときは「動ける自分が方位磁石にしたがって下りてみる」「自分もこのまま動かずに救助を待つ」。どちらが正解でしょう。状況によって正解は変わります。命に関わることですから慎重に判断しなくてはなりません。

このように、100点にもなり0点にもなりえる問題が日々あふれているの

が世の中です。そこで自信をもって生きていくには、自分でとことん考え、そのときの自分にとっての正解が何かを判断していく力が必要になります。

本シリーズでは、自分のことや相手のことを知る大切さと、世の中のさまざまな仕組みがマンガで楽しく描かれています。読み終わったときには「考えるって楽しい！」「わかるってうれしい！」と思えるようになっているでしょう。

本書のテーマは「からだと心」です。みなさんはふだん、自分のからだや心のことに、気を配っていますか？ 毎日学校に行ったり、友だちと遊んだり、家族と楽しく過ごすためには、自分のからだと心が元気であることが重要です。でもとても当たり前すぎて、自分のからだや心に注意を向けることは、あまりないのではないでしょうか。からだや心の声に、もっと耳を傾けてみましょう。この本を通じて、みなさんがかけがえのない自分の大切さに気づくことを願っています。

旺文社

もくじ

スタッフ

- 編集
  永江愛子
- 編集協力
  福岡千穂
- 装丁・本文デザイン
  木下春圭　森崎達也
  （株式会社ウエイド）
- 装丁・本文イラスト
  松本麻希
- 校正
  株式会社ぷれす

する仲間たち

プータン

- トイプードル。
- 小さくてモフモフ。
- コータの無茶に付き合える，元気な犬。

コータ（健崎康太）

- 小学３年生。
- 外で遊ぶのも，ゲームも大好き。
- 元気いっぱいだが，無茶しすぎる傾向がある。

お母さん（健崎身知代）

- 料理が上手。
- 無茶しがちなコータのことが心配。
- 怒るとこわい。

お父さん（健崎健三）

- 健康オタクだが甘いものが大好きで，メタボ気味。
- 通販で健康グッズをたくさん買って，お母さんにしかられる。

PAPA

この本に登場

ミミオ

- シンシンの相棒のうさぎ。
- 関西弁をしゃべる。

シンシン

- 子どもたちのからだと心の健康を見守る，保健室の守り神。
- 見た目は小さな子どもだが，ふしぎなパワーをもっている。

サトシ

- 読書が好きで，運動がニガテ。
- 心配性。

ユミちゃん

- 保健係の女の子。健康管理ができている。
- 将来，看護師さんになるのが夢。

保健室の先生

- いつもニコニコ，優しく子どもたちを見守る。
- でも怒ると…？

担任の先生

- 熱血タイプ。
- いつもテンションが高い。

イタタ…
先生ー
おなかが痛いのか？保健室へ連れていってあげて。
保健係ー
はーい
あれ、先生、お留守かな？
保健室
うーんうーん
ガラーン
シャッ
ZZ…
!?
ひょい
だれか寝てる…
ウサギ!?
ふあ〜よく寝た〜。
ヘンな髪型…
きみ、1年生？
あなたも具合が悪いの？
失礼な！ぼくは保健室の守り神、シンシン！こっちはミミオ。
よろしく！

ポカーン
ーえ…神?
アブナイわー
コータくん、おなかが痛いんでしょ!
ハッ 忘れてた…
どうしてわかったの?
えい!っ
ぼくは体の声が聞けるんだ!
コータ、朝ごはんに肉まん5個も食べたんだよ!
パン
パン
肉
ええ!?
きみの胃だよ
食べすぎね…。
…食べすぎなら、病気じゃないから大丈夫だよね。
コータくんは、「自分の体」のこと考えてる?
帰るね
ちょっと待ちな
グイ
グイ
シク
シク
ぼくの胃さん、なんで泣いてるの?
きみの胃は、こんなに苦しそうだよ。
シク
シク…

オレはコータが食べたものを消化するために一生懸命働いているのに、いつも食べすぎて！
グィグィ
ネチネチ
ネチネチ
ゴ…ごめんなさーい
もうちょっと体のことを考えてよ！
この子たちも言いたいことがあるみたい。
えいっ
目
ずっとゲームをしているから、私もうクタクタ…。
冷たい飲み物のがぶ飲みは、やめて。
のど
冷えちゃう〜
外から帰ったら、うがいをしてほしいな！
腸
夜ふかしはやめて！
生活のリズムがくずれるでしょ
脳
すごーい！私の体の声も、聞ける？
もちろん！えいっ。
えいっ
よくかんで食べてくれて助かる〜。
野菜をしっかり食べてくれるから、うんちが出やすいよ。
規則正しい生活をしているから、よく眠れるよ！
ユミちゃん ありがと〜

体の声って初めて聞いたよ。
体を大切にするには、どうすればいいの？
ねる…
看護師さんになりたいの！
ねられない…
まずは、自分の体の仕組みや働きを知ろう！
心も、体とつながっているよ。それをよく知ることが健康につながるんだ。
へ〜
あら
コータくん、どうしたの？
先生〜
もう少し寝てようね
ベッドの上で遊んじゃダメでしょ！
ゴゴゴ
は〜…
コータの家
お菓子はそれくらいにしなさい。
そうだぞ！
え〜
くれくれ
ポリポリ
スナック
あなたもよ！知ってるわよ、スイーツを隠してるの…。
ギクー
ジロリ…

大丈夫！最新式のダイエット器具を買ったし！
…。
腹筋マシーン
テレビは離れて見なさい！目が悪くなるわよ。
ワいいい
コータはまだまだ、自分の体のことがわかってないな。
お父さんも…
横になってテレビ見ないの!!
こそこそ…
スイーツ
ワンワン
健康に過ごせるよう、ぼくたちがお手伝いしよう！
ピンポーン
ごめんくださーい。
あら？どこの子？迷子かしら？
ウサギ？
迷子じゃない!!
ワンワン
あ、シンシン！
体のこと、もっとよく知りましょう！
コータは、体を大切にできるようになるのかな…？

1章(しょう)

体(からだ)の中(なか)は、どうなっている？

食べたものは、どこへ行く？

ごちそうさまでした～
もじ もじ
スッキリ
フウー
さっき食べた給食が、もう出たのかな？
食べたものが便として出るまで、1日以上かかると言われているよ！
ひょい
!?
キャ～
それは昨日の朝ごはんかも
食べ物の栄養を吸収したあとの残りかすが、便（うんち）だよ。
口から肛門までは、長ーい管でつながってるんや。
スタート
ゴール
しみじみ～
長い旅をしてきたんだね…
やあ！
早く流して！

食べたものがうんちになるまで

口

歯で食べ物をかみくだき，だ液（つば）でとかす。

食道

口で細かくした食べ物を胃へ届ける。

胃

食べ物を一時的にためておき，まぜて消化する。

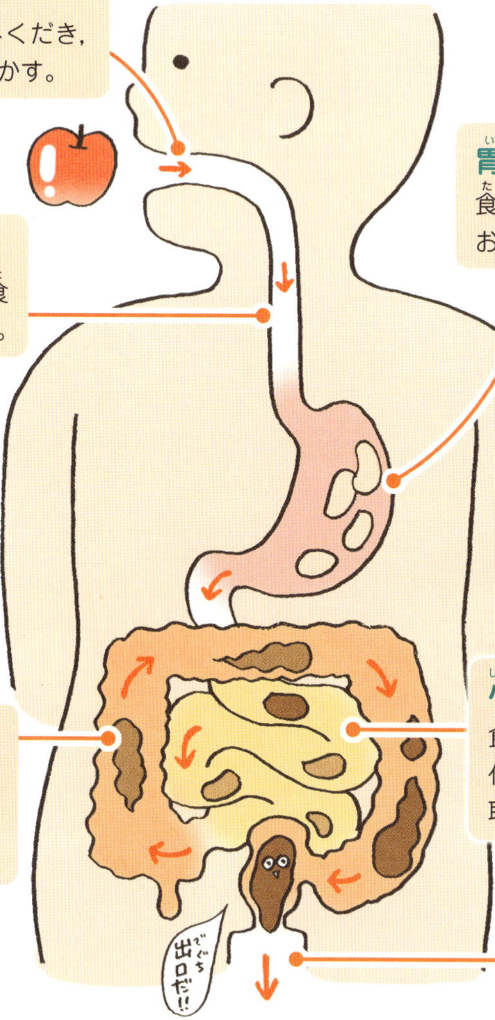

出口だ!!

大腸

水分を吸収し，消化されなかった残りをうんちにする。

小腸

食べ物をさらに消化し，栄養として取り入れる。

肛門

うんちを外へ出す穴。

シンシンのここがポイント

消化とは

食べ物の栄養を体に取りこみやすくするために，細かくしたり，とかしたりすることだよ！

どうやって呼吸しているの？

プール
プール
息つぎできない
5m
大丈夫？
ゴボボ
ガボボ
10m
どうして水の中では息できないの？
ゼーハー
人間は、肺で呼吸しているからだよ！
えら
ピョン
プールだ～♡
ちなみに魚は、えらで呼吸してるで！
空気を吸って、酸素を取り入れているんだ…
…あっ
なぜ…
つるっ
泳げないんだね…
助けて～！
ボチャーン

呼吸の仕組み

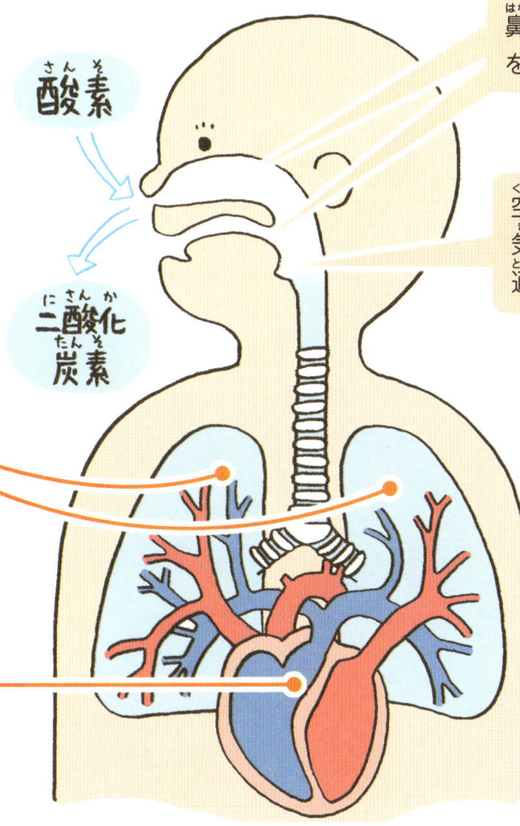
酸素
二酸化炭素

鼻・口から空気を吸いこむ。

空気は，のど，気管，気管支を通って，肺へ。

肺

- 左右に２つある。
- 細い血管が網目のように広がっている。
- 空気中の酸素と，血液中の二酸化炭素を交換する。

心臓

- 肺と，血管でつながっている。
- 肺から酸素を受け取り，全身に送る。

シンシンのここがポイント

呼吸とは

- 食事でとった栄養分を燃やして，エネルギーを得るためには，酸素が必要だよ。
- 生物は，呼吸によって体の中に酸素を取り入れ，いらなくなった二酸化炭素を体の外に出しているよ。

眠っている間も呼吸は続けてるんや！
Z Z…

血には、どんな働きがあるの？

ん!?
ひざに変なものができてる！
昨日すりむいたとこだ
それは、かさぶただね。
はて…
かさブタ？
ブー
血を止めて、ばい菌が入るのを防いでくれるんだ。
血って、大事なの？
血は、体中に酸素や栄養を運んでくれているんだ。
心臓がポンプのように血を全身に送り出しているよ。
せっせ
せっせ
栄養
酸素
心臓の音は、血を送り出している音なんだ。
生きてる証拠やね！
聞こえる…
ドキドキ
ドキー

血液の流れ

心臓

ポンプのように伸び縮みして，血液を全身へ送り出しているよ。

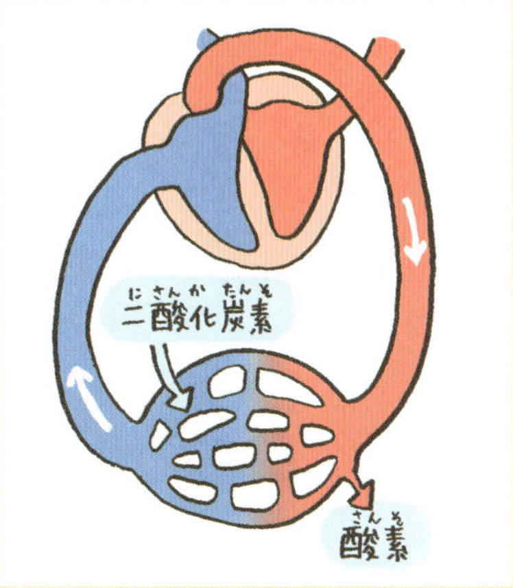
二酸化炭素
酸素

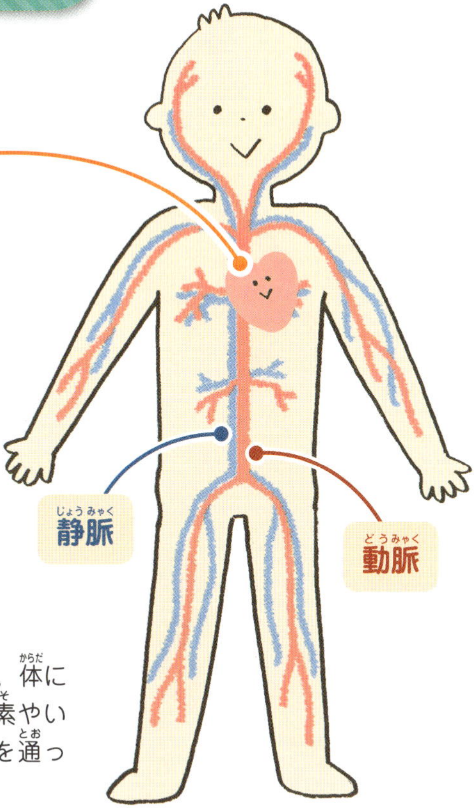
静脈
動脈

血は，心臓から動脈（●）を通って，体に酸素や栄養を届けるよ。二酸化炭素やいらなくなったものが，静脈（●）を通って心臓にもどるよ。

血液のおもな働き

栄養
酸素
栄養

酸素や栄養を運ぶ。

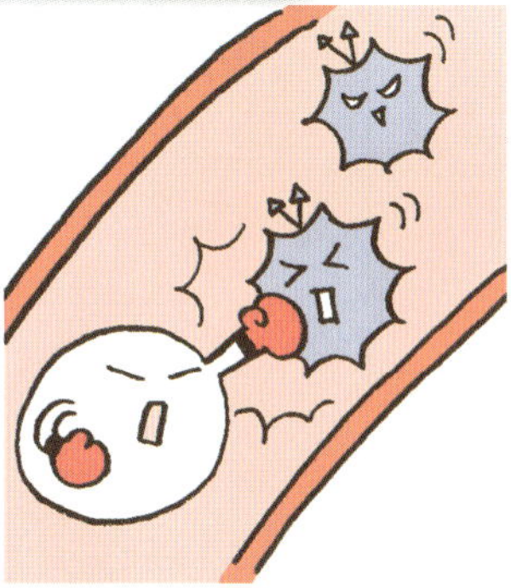

体内に入った細菌やウイルスをやっつける。

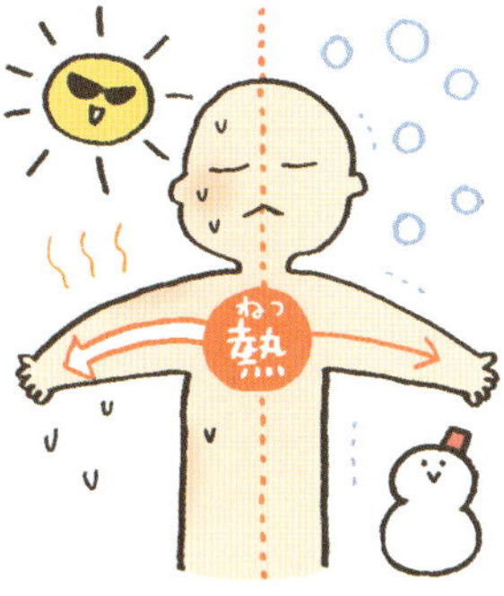
熱

体温や，体の中の水分を調節する。

骨や筋肉の働きは?

海の生物
ぐにゃぐにゃしてるね。
ぼくたちは、どうしてぐにゃぐにゃじゃないの?
それはね…おーい、骨さん!
えいっ
イテテ
ぼくたちが体を支えてるからだよ!
呼ばれてないけどオレも来たぜ
体が動くのは、オレたち筋肉ががんばってるからなんだぜ!
ぼくもこんなふうになれる?
ムキ
カッコいい~
おう! オレたちは、運動すればきたえられるぜ!
うおー!!
きたえるぞ!
15 kg
10 kg
筋肉は1日にしてならず! コツコツやな。
骨だけに…
お父さんの使ってない筋トレグッズ

骨の働き

ぐにゃ～
ビシッ

体を支える。

Ca
MILK

カルシウムをたくわえる。

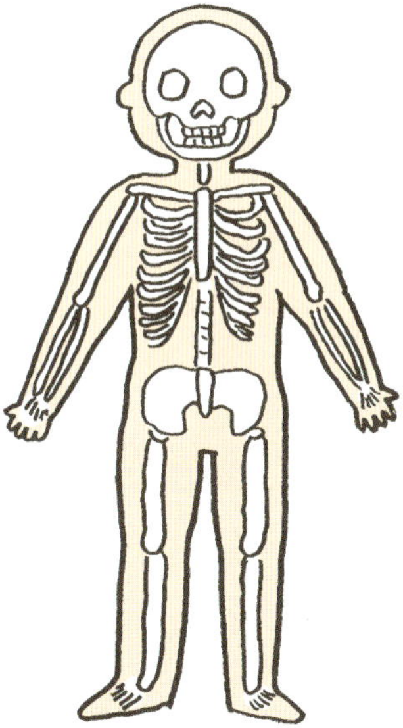

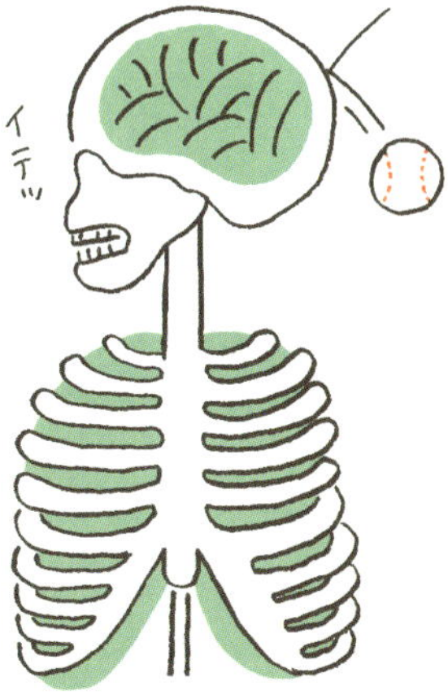
イテッ

内臓を守る。

筋肉の働き

- 両端が骨とつながり，骨を引っぱって体を動かす。
- 体を動かす筋肉は，自分で「動かそう」と思うと動かせる。

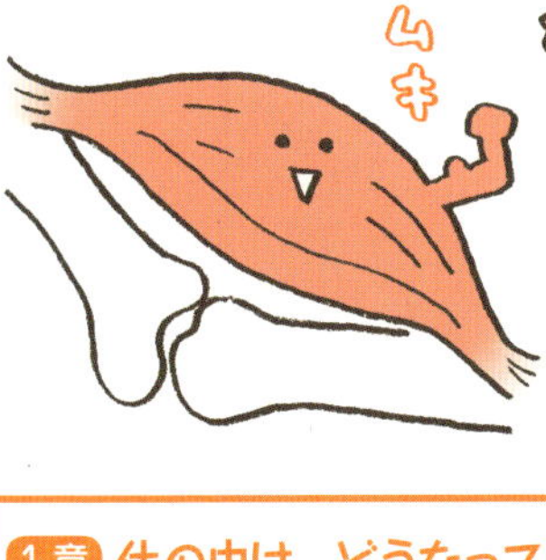
ムキ

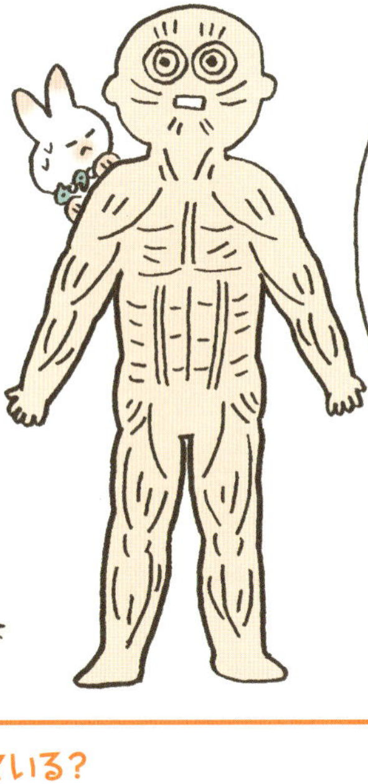

内臓を動かす筋肉は，
自分で「動かそう」と
思わなくても動くんだ。

脳は何をしているの？

キーンコーン
ちぇっ！
まっしろ…
漢字テスト
あーあ、ぼくの頭、もっと働いてくれたらいいのに〜。
頭の中の脳さん、出てきて！
えいっ
いそがしいのよ！
ヒュ〜
脳さんは働き者なんだよ！
私のせいにしないでよ！
私は、心と体の司令塔！
きれい
いいにおい
と感じるのも…。
手をのばす命令を出すのも…
私の仕事なんです！
ぐわっ
わっ
どーんっ
復習
復習してくれると記憶を取り出しやすくなりますよ！
がんばって
はーい…

脳の働き

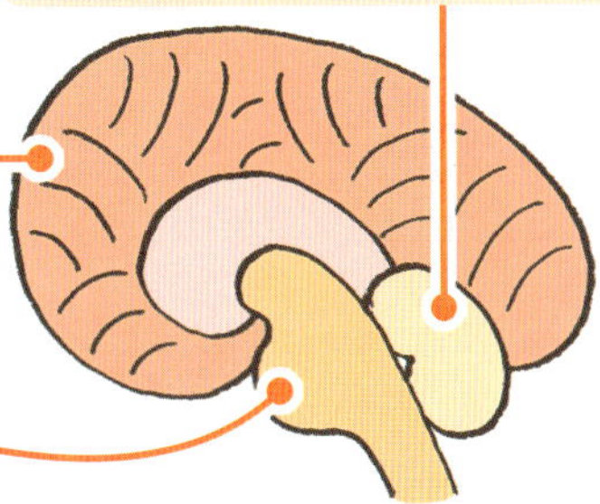

小脳
筋肉の動きをコントロールする。

大脳
脳の中でいちばん大きい部分。考えたり，感じたり，体に命令を出したりする。

脳幹
呼吸や心臓の動きをコントロールする。

脳の働き❶ 感じる

赤い
じーっ
ドキッ

「見る」「聞く」「においを感じる」など，体が感じることを情報として受け取る。

脳の働き❷ 考える

雨が降りそう

情報を受け取って，考えたり，判断したりする。

脳の働き❸ 命令する

走れ!!
ガウー

手を上げる，足を伸ばすなど，体を動かす命令を出す。

脳の働き❹ 記憶する

コータの記憶
記憶
海馬

見たり聞いたりした情報が，脳の中の「海馬」に送られ，保存される。

脳の働き❺ 感情をつかさどる

こわい・うれしい・悲しいなどの気持ちを生み出し，コントロールする。

がんばる血液ちゃん

私たち、血液ちゃん。
あっほらっ
元気なコータくんは、よくけがをするの。
いてて…
キャー
きたない手でさわらないで！
傷口は清潔にしてね！私たち、ばい菌と戦うよ。
ジャー
ペ
タ
ふっかーつ!!
ワー
ワー
ワー
酸素
酸素
コータくんが元気に過ごせるように、今日もがんばるよ！

2章

病気について知ろう

体調が悪いサインに気づこう

サッカーしようぜ!
わーわーわー
シュート!
ん!?
なんか寒いかも…。
コーター!
気のせいか…
ゾクッ
あれ?なんだかだるいなあ。
あー…
フラ~
スカッ
コータくん、鼻水出てるよ。大丈夫?
え?
ヘーキヘーキ
ズビ
大丈夫?
あらら
フラ~ッ
アレ?
サインなんて、出てたっけ?
具合が悪いサインを無視しちゃダメだよ。

サインその1
寒気がする
サインその2
体がだるい
サインその3
鼻水が出る
ブルッ…
ズビー
こんなサインが出ていたよ！
かぜのひきはじめに見られる症状やで！
こういうときは、早めに休んだり、保健室に行ったりするのが大切だよ。
コータくんも保健室へ…。
いやだ！ぼくは遊びたいんだ！
あそびたい～
さっさと行くよ！
ズルズル
熱があるね。静かに休もうね。
静かにね…
ゴゴゴ…
あそびたーい…

体調が悪いことに気づくには、どうすればいいのかな？
ふだんから、自分の体に気をつけてみよう。
たとえば、おなかはすくかな？体はだるくない？
毎日、チェックしてみよう。

体調がいいときは，こんな感じ！

おかわりー!!

食欲がある。
ごはんがおいしい。

シュー

体が軽い。
元気に動ける。

よく眠れる。

ハイ!!

頭がすっきりして集中できる。

痛いところや
気持ち悪いところがない。

明るく楽しい気分。

体調が悪いと，こんな感じ！

ごちそうさま…

食欲がない。
ごはんがおいしくない。

体がだるい・重い。

よく眠れない。

ボー
・・・・

頭がボーッとする。
集中できない。

体のどこかが痛い。
気持ちが悪い。

スケッチ

楽しくない。
やる気が出ない。

おなかがすくのは、元気な証拠なんだね！
おかわり
食べすぎは、ダメだよ。
カラッ
またおなかが痛くなるで！

病院へ行ったら、どうする？

今日は学校を休んで…
ゴホ
やったー
ゴホ
病院へ行きましょう。
サーッ
いやだー
どこがつらいですか？
どこもつらくありません！
ゴホ
ゴホ
ゴホゴホ
ハァハァ
ウソはアカンで
体のことを、ちゃんと伝えよう。診断するために、大切な情報なんだ。
ギクギクー
次のことをきちんと言えたら、満点だよ！
①いつから
②どこが
③どんなふうに具合が悪いのか。
三日前から、のどが痛くて、せきが出ます。
診断の役に立つよ！
GOOD!
ゴホ
ゴホ
ビシ

症状を伝えよう

体がだるいです。
頭が痛いです。
ズキズキ
おなかが痛いです。
ふらふらします。目が回る感じです。
フラッ
気持ちが悪いです。はきそうです。
熱っぽいです。
寒いです。ゾクゾクします。

どこが、どんなふうに痛いかも伝えられるとええで！
ハイここ重要〜
●おへその上が、キリキリする。
●頭の後ろのほうが、ガンガンする。

●聴診器の検査

何が聞こえるんですか?
どんな音? 異常って?
ちょっと静かにね
心臓の音や、肺の音に異常がないか調べているんだよ。

●口・のどの検査

アー。はひほひへ…。(何を見ているんですか?)
のほはほんなはへてふ?
だからちょっとだまっててね…
のどがはれていないか調べてるんだ。

ほかにも、いろいろな検査をするよ。

●レントゲン

肺や胃の写真をとる。

パシャ

●尿検査

おしっこの成分を調べる。

入れすぎや

●触診

体にさわって状態をみる。

ココ痛いですか?
くすぐったいです…

かぜのようですね。お薬を出しますので、様子を見てください。
はーい
ヒマだなー
ちょっとまっててね
受付
ズッ
GAME
大きな音は、アカン！
アンタもシーッ
ピコピコ
ドドドド
GAME
ピュピコ
ヒュ
ドドドドーン
病院には、体調の悪い人が来ているよ。マナーを守って静かにしよう。
待合室では静かに座る
いーっ
しーん…
携帯電話は，許可された場所で使う
走り回らない
わっ
ドドドド
電源オフ!!
ピッ
サッ

お薬飲んだ?
う…うん
ワンワン
ん!?
あー そこはっ…
この薬、苦いんだよね。ジュースに混ぜて飲もうっと。
飲まないとおこられるー
それはアカン!
びっくりしたー
薬は、決められた方法で飲むことが大事だよ。
あぶなかったわー

薬を飲むときの注意

おくすり
・1日3回
・食後

決められた回数や時間を守る。

ほかのものと混ぜない。
※お医者さんの指示に従おう。

ジュースやお茶ではなく，水で飲む。

正しく飲まないと，薬のききめが弱くなるだけでなく，体に悪いこともあるんやで！

キケン
サッ

あっ
ちゃんと寝てなきゃダメでしょ！
ピコピコピコ
ドーン
GAME
休みたーい
ピコ
ピコ
ゲームをすると、頭も体も休まらないよ。
ドドーン
ドーン
早く治すために、静かにリラックスしようね。
回復力アップ
ちょっ
ひまだな…
グー
もうねた…
ただいまー
プリン買ってきたぞ！
パチッ
なんかスッキリしたかも
かぜのときには栄養をとるのも大事だからな！
いろいろあるぞー
プリンなら食べられそう！
は!? 1万円…
わーい
わぁ〜
シュークリーム
スイーツ
とろプリン
ゼリー
アイス
バニラ
あなた、自分が食べたかっただけでしょ…。

知って防ごう1 かぜ・インフルエンザ

インフルエンザで学級閉鎖ですって。
やったーやすみだ
あそぼー
ひまだなー。サトシもインフルエンザだし…。
そうだ！お見舞いに行こう！
ハッ
まってまって!!
なぜ学級閉鎖になったのか考えてみて！
インフルエンザがみんなにうつるのを防ぐためだよ。
さて？
も〜〜っ!!
かぜをひいたときは学級閉鎖にならなかったよ？
かぜとインフルエンザには、ちがいがあるんだ。
なんでー？

かぜ

- 原因…いろいろな細菌やウイルス。
- 熱はないか，37 ～ 38 度くらい。
- せき，くしゃみ，鼻水など，のどや鼻の症状。
- ゆっくり進行する。
- 1 年を通じてかかる。

コン
コン

インフルエンザ

- 原因…インフルエンザウイルス。
- 高熱が出る（39 ～ 40 度くらい）。
- せきや鼻水がかぜよりもひどく，全身がしんどくなる。
- 急にひどくなる。
- 冬に流行する。

ゴホゴホ
ブルブル

インフルエンザは、うつると大変なんだね！
ひえ～
どちらも、予防が大事だよ。どうやってうつるか、見てみよう。

さわったものからうつる

ウイルスのついた手で物にさわる。
（電車のつり革，ドアノブ，スイッチなど）

↓

それをほかの人がさわり，ウイルスがついた手で口や鼻をさわって，うつる。

せきやくしゃみからうつる

せきやつばと一緒にウイルスが出る。

↓

ほかの人が，そのウイルスを吸いこんでうつる。

ケホッ

コンコン

かぜ・インフルエンザを予防するには

インフルエンザが流行する冬は，とくに気をつけよう！

●こまめに手洗い

ウイルスのついた手で口や鼻をさわると，うつるかもしれないよ。

しっかり手を洗って，ウイルスを取り除こう。

●バランスのよい食事

●十分な睡眠

体力が低下するとかかりやすくなるから、栄養や睡眠も大事やで。

もし、かかってしまったときはどうすればいいの？
お医者さんの言うことを聞いて休むこと。
ほかの人にうつさないように、気をつけることも大事だよ。

せき・くしゃみのエチケット

人に向かってせきやくしゃみをしないように気をつけよう！

● マスクをする

メガネくもるわ…
せきが出るときはマスクやで。

● ハンカチなどで口をおおう

コンコン
口をおおうのが大事！

● 人のいないほうに顔を向ける

急な場合は、向きを変えて…。
あ…
ゴホゴホッ
あっ…
クルッ

起きなさい！今日は学級閉鎖じゃないわよ。
は・や・く!!
ピピピ
インフルエンザを防ぐために、睡眠をしっかりとらなきゃ。
コーター
グー
遅刻はアカンでー

知って防ごう２ 熱中症

公園へ行ってきまーす。
帽子をかぶって！ほら、水筒も！
カッ
わーわー
わー
なんか、気持ち悪い…。
あらら大変
クラッ
木陰に運んで！服をゆるめて！水を飲んで！
ハイッ
ハイッ
ビシッ
夏場は、熱中症に注意だよ！
熱中症って？
フー

熱中症とは

暑さや湿度で，体調が悪くなることだよ。

クラ

- 暑さや強い日差し，湿気のために，体の中に熱がこもる。
- あせがたくさん出て，体の中の水分が少なくなる。

熱中症の症状

めまい・ふらつき

大量のあせ

頭痛

はき気・だるい

イタタ…
筋肉痛・筋肉がつる

体温が上がる
（体が熱くなる）

気を失う

熱中症を防ぐために

こまめに水分をとる

塩分もとれるものがええで！

熱や日差しを防ぐ

冷却グッズを使う

ひんやり
COOL

スポーツや遊びで無理をしない

衣服で涼しさを調節する

あせを吸って、乾きやすい素材がいいよ。
さらっ
綿100%
はだかがいちばん涼しいでしょ？
なんで!?
はだかはアカン!!
服には、熱や日差しから体を守る役割もあるで。

お母さんが、帽子と水筒を忘れずにって言ってたでしょ。
も～
あっ…
熱中症にならないためだったのか。
すっかり忘れてた…

外で遊ぶときは，気をつけるよ！
部屋の中でも、熱中症になることがあるよ。
えー!?

室内でも熱中症に注意

✕ **閉め切った部屋の中，エアコンをつけない**

うーん

○ **風通しをよくし，エアコン・扇風機を適度に使う**

ホッ…
ガラララッ

この部屋寒っ！
ブルッ
熱中症にならないためだよ！
暑すぎても、寒すぎても、体によくないよ。
コーーラッ
電・気・代!!
28℃くらいかなー
はーー!!

知って防ごう③

おなかのトラブル

冷たーい♡
プハー
ゴロゴロ!!
おなか痛い…。
また食べすぎ?おなかの声を聞いてみよう。
えいっ
ぐるるる
冷たいものを一気に食べないで!
シクシク
シクシク
冷えると、うまく働けないよ!
またおこられたー
おなかを冷やすのは、よくないんや。ゆうべも、おなか丸出しやったで!
グー
グー
いたい…
食べすぎや冷え以外にも、おなかが痛くなる原因は、いろいろあるで。
トイレ
ジャー
あれっいない?

腹痛のいろいろな原因

便秘

- 何日もうんちが出ないと，おなかが痛くなることがある。

出ない…
ギチ
ギチ

食中毒

- 細菌のついた食べ物を食べたときに起きる。
- 食べ物がいたみやすい夏に多い。
- 冬場に流行するノロウイルスは，ほかの人にうつりやすく，激しい腹痛や下痢を起こす。

不安や緊張・ストレス

- 心が原因で，おなかが痛くなることもある。

イタタ…
テスト

かぜや、ほかの病気のときにも、おなかが痛くなることがあるで。

夏場はとくに、食中毒に注意が必要やで。
明日からキャンプでしょ？気をつけてね。
うんうん
おかし
聞いてる―？

※便秘については、74ページも見てね！

キャンプでカレーだ!!
食中毒に注意しなきゃ。まず、手を洗いましょ。
ジャー
よくできました!
ジャブジャブ
カレー用の肉を切って…
あれっ
次は、サラダだ!
あれっ
ちょっと待てや
肉をさわったら、手を洗って!包丁・まな板も洗ってや!
「清潔」がいちばん大事だよ!
もりもり

食中毒を防ぐには①

調理・食事の前に手を洗う。

肉・魚は，野菜などと分けて調理。

食器・調理器具は清潔に。

食中毒を防ぐには②

菌は熱に弱いから、しっかり加熱！
きゃ〜

肉・魚は、
よく加熱して食べる。

低い温度だと、菌が増えるのを防げるんや。
-15℃
寒っ

食品は冷蔵庫・冷凍庫で
保存する。

食べる前にも手を洗って…。
いただきまーす
おかわりは、少しにしよう！
ちょうどいい量だと、うれしいな！
おなかを大切にできるようになったね！
ちょん
やっぱりもう少しだけ…。
おいしい…

知って防ごう4 頭や目のトラブル

ピコ
ピコッズドーン
ヒュー
頭が痛い…。
ズキ ズキ
体のいろんなところから声がするよ!
ずーっと悪い姿勢でゲームし続けてたからかたまっちゃったぜ~。
筋肉
カチン
コチン
脳
首や肩の血行が悪くなると、頭が痛くなることがあるんですよ。
ごめんね。気をつけるよ。
お母さんもゲームのしすぎかな?
体の声を聞いてみよう!
頭痛いわー
つかれやストレスなどで頭の中の血管が広がって、頭痛が起きることがあるんです。
ズキ
ズキ
つかれると頭が痛くなるのよ。
頭痛の原因はいろいろなんや。

頭痛の原因のいろいろ

不規則な生活（睡眠不足・寝すぎ）

COMIC

目のつかれ・光や音の刺激

まぶし…
GAME

肩こり

運動不足

さんぽ！
さんぽ！

つかれ

ストレス

心配
不安
悩み

天気や気候の変化

どんより…

空腹

ぐーう

急な頭痛や激しい頭痛は、ほかの病気がかくれていることもあるよ。

コータは、ゲームのしすぎに注意やな！
はーーっ
ゲームのしすぎは、目にもよくないよ。

ものが見える仕組み

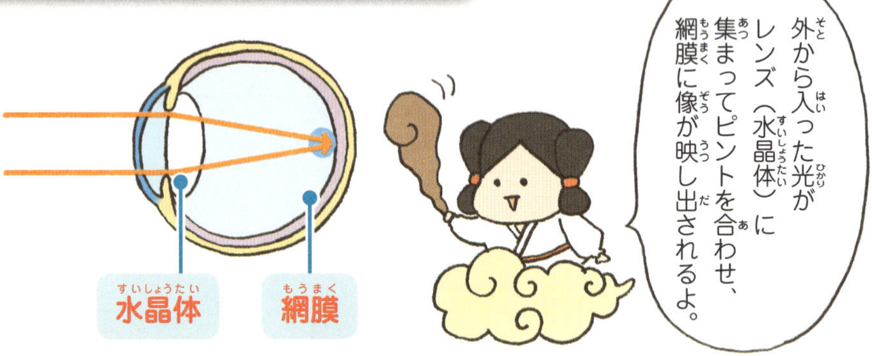
水晶体
網膜
外から入った光がレンズ（水晶体）に集まってピントを合わせ、網膜に像が映し出されるよ。

近視

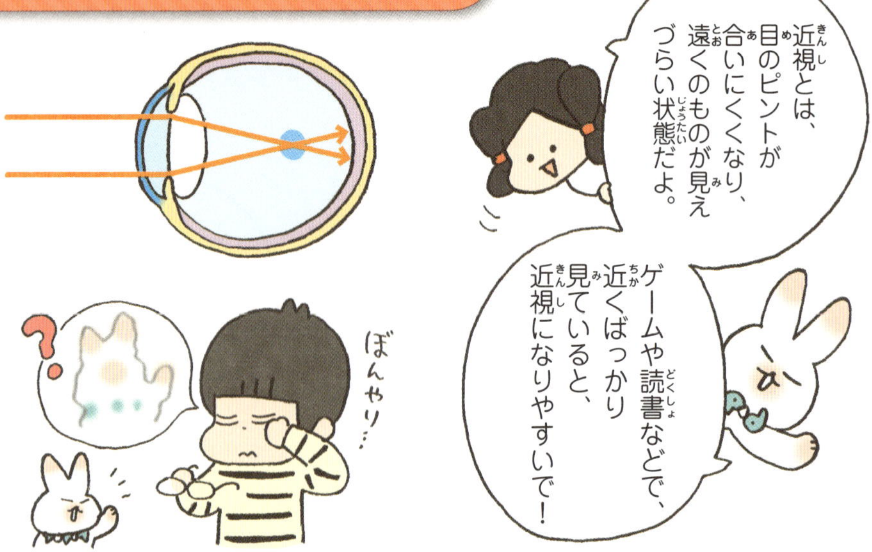
近視とは、目のピントが合いにくくなり、遠くのものが見えづらい状態だよ。
ゲームや読書などで、近くばっかり見ていると、近視になりやすいで！
ぼんやり…

目が悪くならないために

●本を読むとき

照明は明るすぎず，暗すぎないように。

本と目の間を 30 ～ 40 センチはなす。

30cm

姿勢よく座る。

読書や，パソコンを使う間は，ときどき目を休ませる。

あと10分から～
ピコ
ピコ
ピコ
GAME

テレビやゲームは時間を決めて，画面に近づきすぎない。

ボー
コータくん、先生の話を聞いてる？
目を休めてるんです…。
しれっ
休憩は、ときどきでええで！
Zz…

アレルギーって、なんだろう？

また
この季節が
やってきた…。
ホーホケキョ
メランコリ～
ハ・ハ・・・・
ムズムズ
クルッ
ハークショーン
お父さん、かぜ？
お父さんは、花粉症なのですよ。
クション
クション
グション
花粉症は、アレルギーの一種やで！
かふんしょう？
アレルギー？
そうなんだよ…。

アレルギーとは

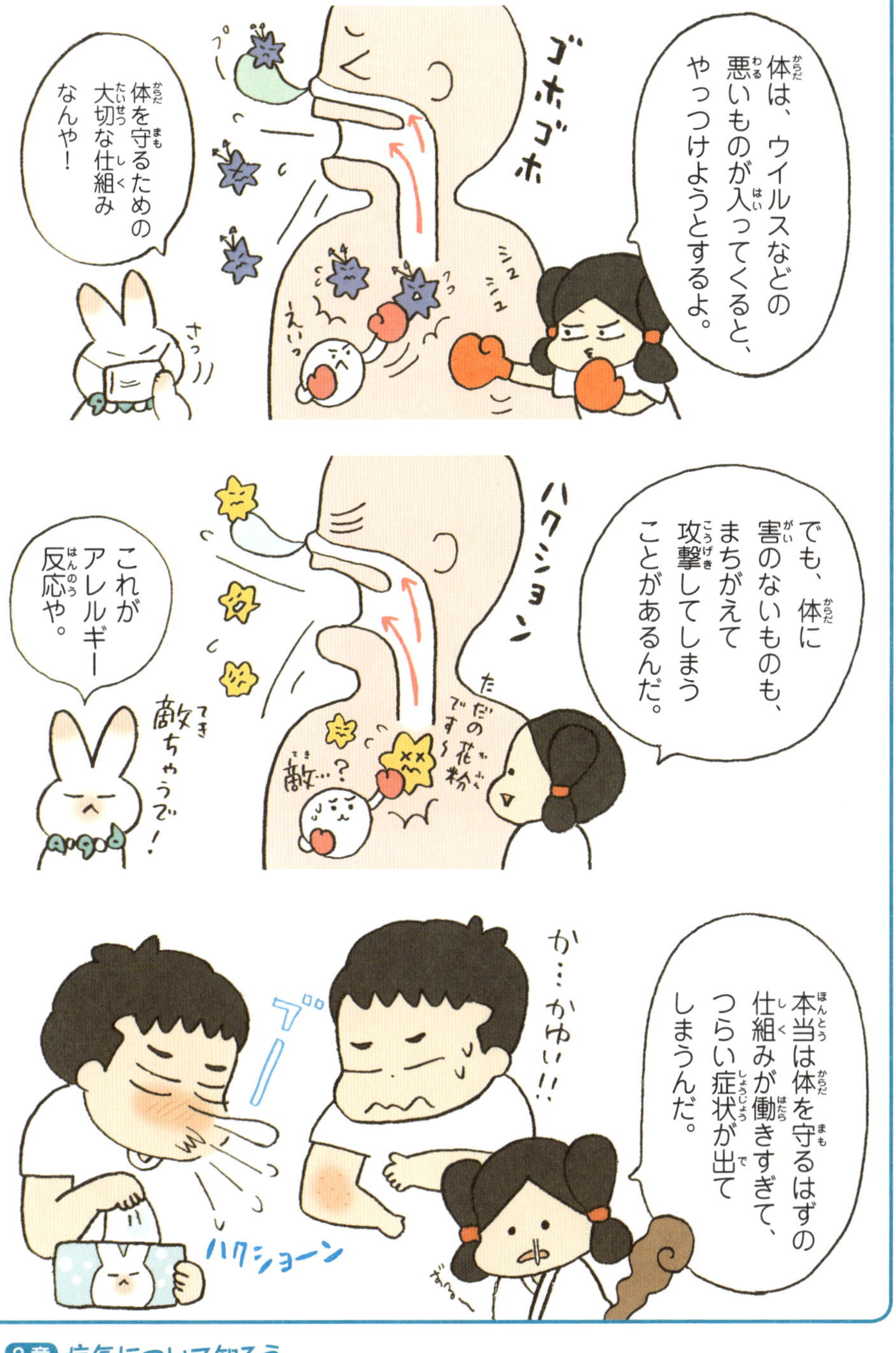

体は、ウイルスなどの悪いものが入ってくると、やっつけようとするよ。
ゴホゴホ
シュシュ
体を守るための大切な仕組みなんや!
さっ
えいっ
でも、体に害のないものも、まちがえて攻撃してしまうことがあるんだ。
ハクション
ただの花粉です〜
敵…?
これがアレルギー反応や。
敵ちゃうで!
本当は体を守るはずの仕組みが働きすぎて、つらい症状が出てしまうんだ。
か…かゆい!!
ブー
ハクショーン
ずる〜

お父さんはスギ花粉症だから、春にくしゃみや鼻水が出るんだ。
ぼくは花粉、平気だよ？
アレルギーの症状は、人によってちがうんだ。
原因もいろいろあるよ。
たとえば…

アレルギーの原因となるものの例

花粉

食べ物

MILK

カビ

家のほこり

（ダニや，ダニのふん，ペットの毛やフケ）

金属

おかず、交換しない？
卵焼きあげるー
ぼく、卵は食べられないんだ。
えーきらいなの？
しかたないタコさんあげるよ
ううん
卵アレルギーなんだよ。食べると、じんましんが出るんだ。
卵って、いろんな食べ物に入ってるんじゃない？
そのお菓子は大丈夫？
これは、卵が使われていないんだよ。
本製品には○印のアレルギー物質を含みます
卵 乳 小麦 そば 落花生 えび かに
○ ○
おかし
アレルギーの人は、食べるものに気をつけることが大事なんだよ。
あっ
大丈夫！
お母さんが、卵の入っていない料理にしてくれているよ。
もりもり
おかし

アレルギーの対策

病院で診断・治療を受ける。

花粉症のおくすりですね〜
おくすり
アレルギーの原因を確かめよう!

ふだんの生活では，アレルギーの原因を取り除いたり，原因となる物質にふれないことが大切。

花粉症の場合

やーん
ブロック

マスクをする。

ガラガラ
やーん

洗顔・うがいをする。

パッパッ
やーん

花粉を家に入れない。

食物アレルギーの場合

これは卵使ってないね!
MENU

原因となる食品を食べない。

栄養が不足しないように、別の食べ物で栄養をとることも大事やで。

先生は、動物アレルギーなんだよ。
さわれなくてゴメンよ…
ブシュン
ガーン
ブシュン
いろんなアレルギーの人がいるんだね。
アトピー性皮膚炎や、気管支ぜんそくも、アレルギーが関係するそうだよ。
まわりの人が注意できることって、ある？
症状が出たり、ひどくなったりしないように、気づかってあげられるといいね。
アレルギーの症状は、命にかかわることもあるんや。
命!?
関東地方の今日のスギ花粉の量は非常に多いでしょう。
た…大変だー
花粉が多いから外に出ちゃダメ！
会社に行かせてくれよ！
チコクしちゃう〜

迷路でチェック！

乗り物酔いを防ごう

スタート
明日は
バス遠足！
ワク
ワク
おかし
前日に
気をつけることは？
ZZ…
早く寝る
遅い時間まで準備
ねぼう!!
行き止まり
当日は，
どんな服を着る？
ゆったりした服
ピチピチの服
ピチ
ピチ
バスのどの席に
座る？
後ろの
タイヤの上の席
うっ…
行き止まり
エチケット
前のほうの窓側の席
遠くを
ながめる
乗っている間，
何をする？
読書
うっ…
エチケット
行き止まり
ゴール

3章

毎日，元気に過ごすには

ちっちゃい!
これぼくー!?
フフフ…
これは、はじめて立ったとき。
おもいでアルバム
これは、はじめて歩いたときよ。
大変だったけど、かわいかったわ〜
いたずらっ子だったんだね
今やったら絶対怒られる…。
体もどんどん大きくなっていったわ。
9歳（今）
133cm
6歳
115cm
3歳
95cm
0歳
50cm

高校生くらいまで、身長が伸びるで。
ぼく かっこいい～
コータ 16 歳
170cm
大人になると体の成長はとまるよ。
大人になったコータくん、出てきて！
にゅ～
おっ
体は、ずっと働いてくれているよ。
そろそろ休みましょ～
うまい！
ハイッハイ
今日もしっかり食べてがんばりましょ～
ぼくたちはコータくんが生まれてから死ぬまで、ずっと働き続けているよ！
ぼくたちも
ドキッ
ドキッ
ぼくの体、すごーい！ありがとう！
1つしかない自分の体を、大切にしていこう！

食事は、バランスよく食べよう

また野菜を残して…。
もー
きらいなんだもん。かわりにハンバーグをおかわりするよ。
栄養素さん、出てきて！
えいっ
オレたち、役割がちがうんだ！
野菜には、私たちがたくさんふくまれてるの。
私たちが不足すると、かぜをひきやすくなるかも！
ミネラル
食物繊維
ビタミン
ムキ
ムキーン
たんぱく質
あっまた残してるー
メラ
メラ
脂質
炭水化物

丈夫な体をつくるには、いろんな栄養素をバランスよくとることが大事だよ。
ガーン
にがーい
でも、野菜の味がきらいなんだよ…。特にピーマン！
あらっ
実は、今日のハンバーグにはピーマンが入ってるのよ。
えっ
そ…そうだったの？
きづかなかったー
もちろんニンジンもはいってるんや
やさい
コータ、野菜ジュースは飲めるやろ？あれにもピーマン入ってるで。
いろんな食べ方をためして、少しずつ好ききらいをなくしていこう。
ぐっ
ピーマンケーキをつくろうかしら！
ニンジンケーキも
それはやめて!!

養素の働き

食物繊維

腸の中をそうじして，うんちを出しやすくするよ！

多くふくむ食品

野菜・大豆・こんにゃくなど

不足すると…

- 便秘になりやすい

ビタミン

体の調子を整えるよ！

多くふくむ食品

野菜・果物・キノコ・肉など

不足すると…

- つかれやすくなる
- かぜをひきやすくなる

ミネラル

骨や歯をつくったり，内臓の働きを助けたりするよ！

多くふくむ食品

牛乳・小魚・こんぶなど

MILK

不足すると…

- 骨が弱くなる
- つかれやすくなる

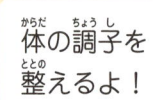

おもな栄

たんぱく質

筋肉や内臓・血液など，体をつくる働きをするよ！

多くふくむ食品

肉・魚・卵・大豆 など

とうふ

不足すると…

- 元気が出ない
- 筋肉がつかない

脂質

体の中で燃えて，体を動かすエネルギーになるよ！

多くふくむ食品

油・バター・牛乳 など

サラダ油
バター

不足すると…

- 力が出ない
- 寒いときに体温が上がらない

炭水化物

体や頭を動かすエネルギーになるよ！

多くふくむ食品

ごはん・パン・うどん・ジャガイモ など

不足すると…

- 集中力が続かない
- 体がだるくなる

かぜをひいたときは、ごはんを食べたくなかったよ。
プリンしか食べられなかった
かぜのときもニンジンなら食べられるで!!
とろプリ
病気のときや、つかれているときは、食欲がなくなってしまうけど…。
食欲がなくなる原因
●病気
●ストレス・悩み
●運動不足 など
ハ…ハイッ
できるだけ栄養をとることが大事だよ。
体調が悪いときは、おなかにやさしい、消化のよいものがおすすめだよ。
スープ
おかゆ
茶碗蒸し
ヨーグルト
バナナ
消化しやすくて、助かるよ!
バク
バク
バク
食べすぎもダメやで!

シンシンのまとめ　いろいろな栄養をとろう

- 肉，野菜，ごはんなど，いろんな種類のものを食べて，バランスよく栄養をとろう。
- 苦手なものは，細かくしたり，ほかのものと混ぜたりして，食べ方を工夫してみよう。
- 体調が悪いときは，やわらかく，消化のよいものを食べよう。

好きなものだけじゃなく、いろんなものを食べようね！
はーい
あれ？シンシン、トマト食べないの？
ギクッ
ぼ…ぼくはもうおなかいっぱいだから…。
ホントはキライ
ジロリ…
トマトには、ビタミンがたっぷりなのよ！
にが〜…
ぼくはピーマン食べたよ！

ごはんは、決まった時間に食べよう

ごはんよー
パリ パリ
パリパリ
パリパリ
スナック
残すの?
ごちそうさま…
そ〜…
ワオーン
おなかすいちゃったな…。
ぐう〜
ぐるる…
あやしい物音!!
モソ
モソ
ねぼう――!!
牛乳だけでも飲んでいきなさい!
時間ないから、いい!
ポー
コータくん…。
また…

やっと給食だ！
ガツガツ
ふー、おなかいっぱい！
おかわりたくさんしちゃった
やっと目が覚めたようやな。
食事のリズムも大切なんだよ。
リズムって？
コータの行動をふり返ってみよう！

チェック① 昨日の夕方　お菓子を食べすぎた！

ぼくたちも食べて〜
スナック
CHOCO
POTATO
パリ
ポリ
ポリ

その結果…
- ごはんが食べられず，必要な栄養がとれない。
- 食事のリズムがくずれる。

チェック❷ 昨日の夜 寝る直前に食べた！

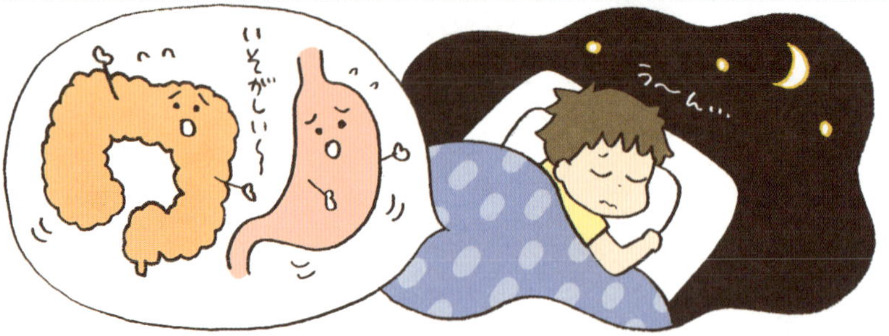

いそがしい〜
う〜ん…

その結果…

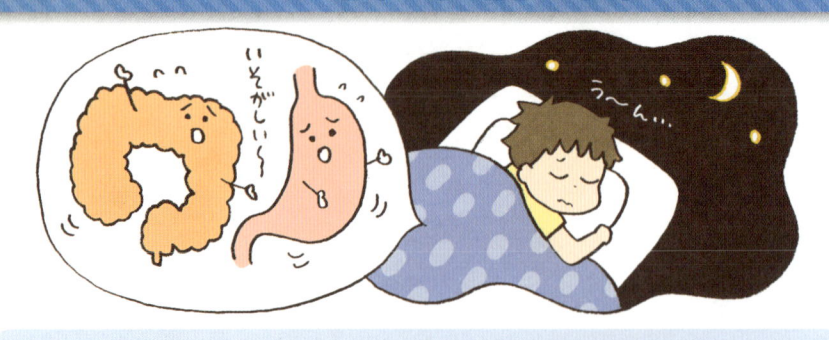

●寝ている間に胃腸が働かなければならず，よく眠れない。

チェック❸ 今朝 朝ごはんを食べなかった！

ごはんなどにふくまれる「ブドウ糖」が、頭を働かせるエネルギーになるんや！
ボ〜
グーグー

その結果…

●頭が目覚めず，ぼーっとしてしまう。

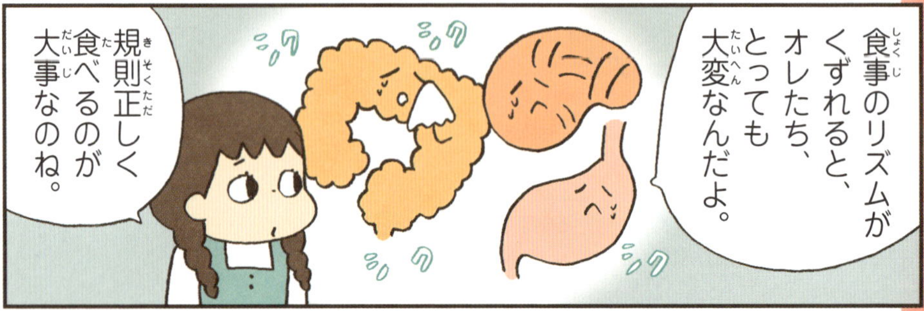

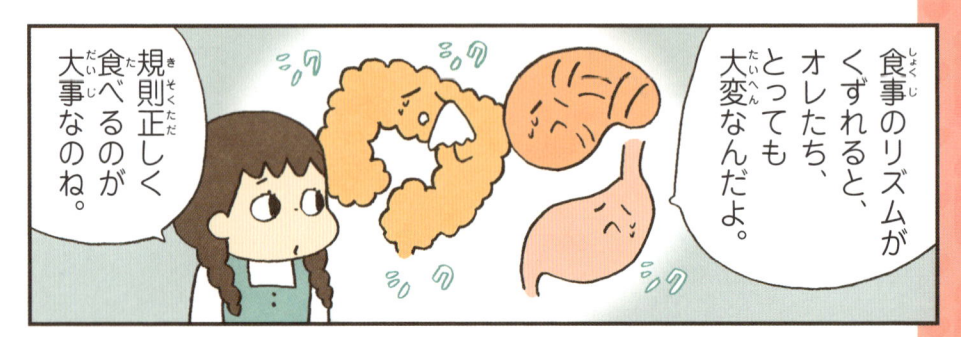

食事のリズムがくずれると、オレたち、とっても大変なんだよ。
規則正しく食べるのが大事なのね。

シンシンのまとめ　食事のリズムをつくろう

朝・昼・晩，きちんと食べよう

- 決まった時間に食べることで，体の調子が整いやすくなるよ。
- 朝ごはんは，頭と体を目覚めさせるために大事だよ。

ZZ…

寝る前に食べないようにしよう

- 夕食のあとの間食はひかえて，胃腸を休め，しっかり睡眠をとろう。

おやつは時間と量を決めて食べよう

- 3食きちんととったうえで，おうちの人と相談して食べよう。
- 消化のよいものや，食事で不足しがちな栄養素をとれるものがおすすめ。

朝ごはん食べたら、元気が出たぞ！
宿題は？
忘れました…。
朝ごはんも宿題も忘れずに…

歯を大切にしよう

今日は3食きちんと食べて、規則正しく過ごせたぞ!
おやすみなさーい
大事なことを忘れてるで!
ウルサイなあ…
まったー
汚れたままだと、虫歯になっちゃう～。
えいっ
あ、歯みがき…
私たち、一度虫歯になったら元にもどれないの。
でももう眠いし、明日やるよ。おやすみー。
なっ
寝ている間は、虫歯菌が増えやすいんだよ～。
ガッ
イヒヒヒ…
あ～れ～
みがきまーす

なぜ虫歯になるの？

ごはんやおやつの
食べかすをえさにして，
虫歯菌が増える。

虫歯菌が，
歯をとかす。

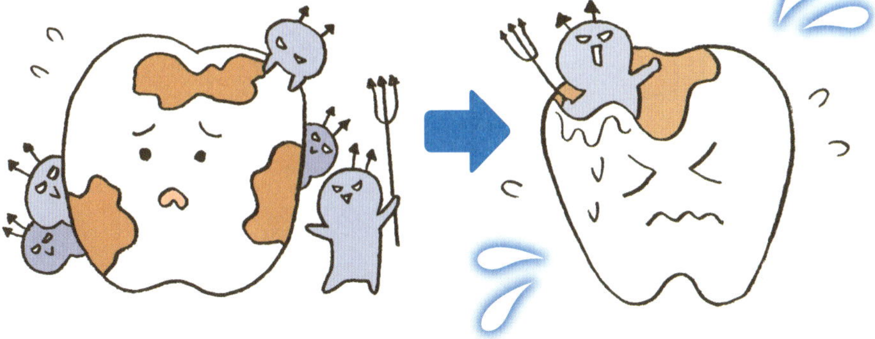

私たちには、食べ物をくだいて消化しやすくする、大事な役割があるんです！
バリーン
ボリボーリ
大切にしてくださいね！
食べた後と、寝る前の歯みがきが大事だよ！
キャー
にげろ〜
ワー
ニンジンがかめなくなったら大変やー

うんちでわかる、おなかの健康

うーん うーん
ハァ…
すっきりしないなあ…。
スッ
ちょっと待って！
ガチャ
流す前に、よく見てや！
え…
見るって、うんちを？
トイレにはいってこないでよ…
うんちがおなかの状態を教えてくれるんだ！
今日は、コロコロやで。
コロ…
コロコロ
これは、野菜が不足しているかもしれませんねえ…。
ウーむ
やめて…

どんなうんちがいいの？
バナナうんちさんを紹介するよ！
私のように、黄色がかった茶色でバナナ型、なめらかなうんちが、いいうんちなのよ。
ハロー
ほほう…
まぶしいっ

いいうんちとは

△ ドロドロ・ビチャビチャ

食べすぎなどで，腸の働きが弱っているかも。

○ いいうんち

腸が元気に働いているよ。

△ カチカチ・コロコロ

水分や野菜が不足しているかも。

うんちやおしっこは、なぜ出るの？
トイレめんどう
体の中のいらないものを、外に出すためだよ。
ゴミを捨てるんや…
うんちは、食べたものを胃や腸で消化したあとの残りかすだよ。
おしっこは、体の中のいらないものを、水といっしょに外に出しているよ。
やあっ
じゃー
フムフム
便秘で、うんちが長い間、腸の中にとどまっていると、悪い菌が増えちゃうんだ。
悪玉菌
キャー
ジロリ…
やだなあ

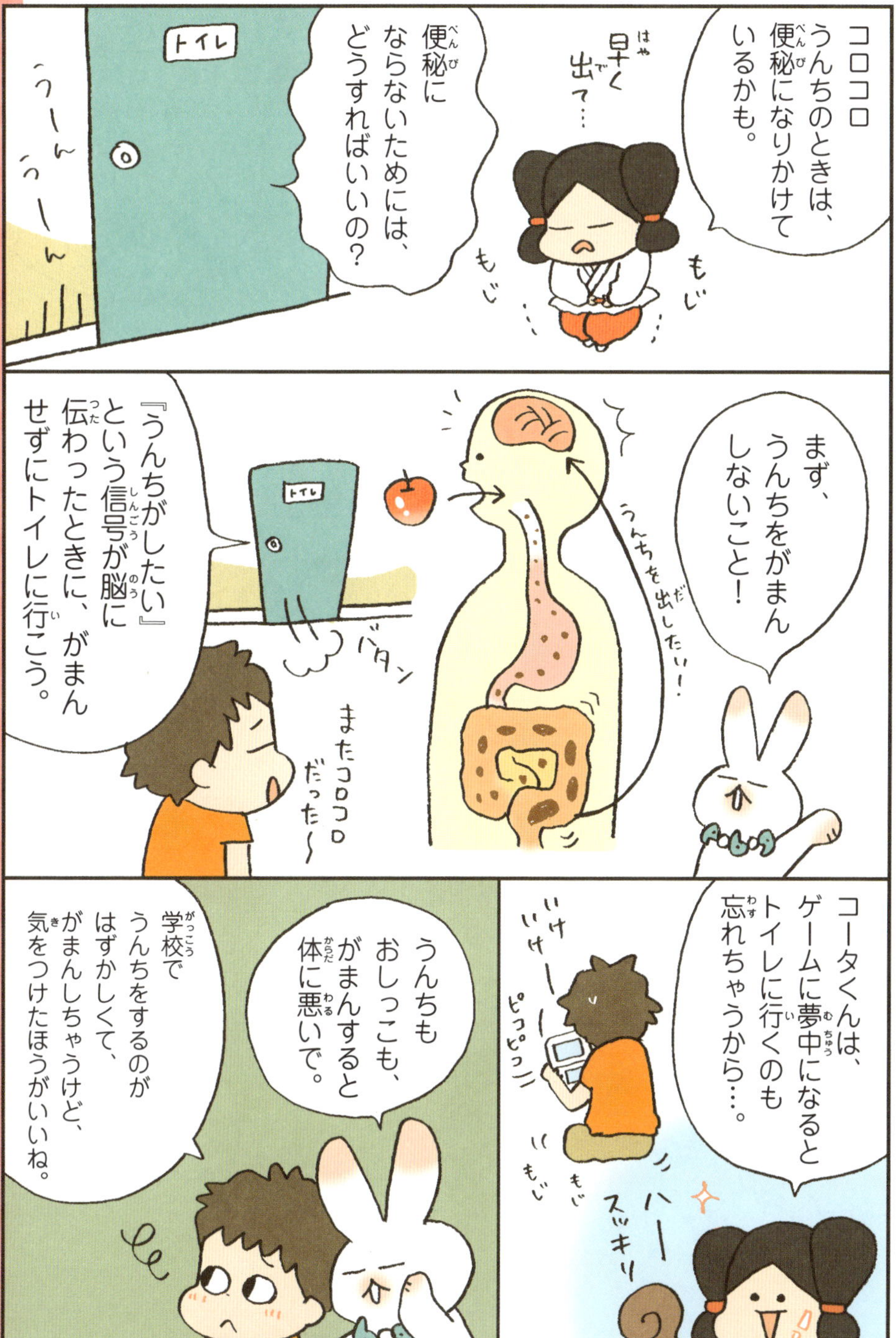
コロコロうんちのときは、便秘になりかけているかも。
早く出て…
もじもじ
便秘にならないためには、どうすればいいの？
トイレ
うーん うーん
まず、うんちをがまんしないこと！
うんちを出したい！
『うんちがしたい』という信号が脳に伝わったときに、がまんせずにトイレに行こう。
トイレ
バタン
またコロコロだった〜
コータくんは、ゲームに夢中になるとトイレに行くのも忘れちゃうから…。
いけいけー
ピコピコ
もじもじ
ハー スッキリ
うんちもおしっこも、がまんすると体に悪いで。
学校でうんちをするのがはずかしくて、がまんしちゃうけど、気をつけたほうがいいね。

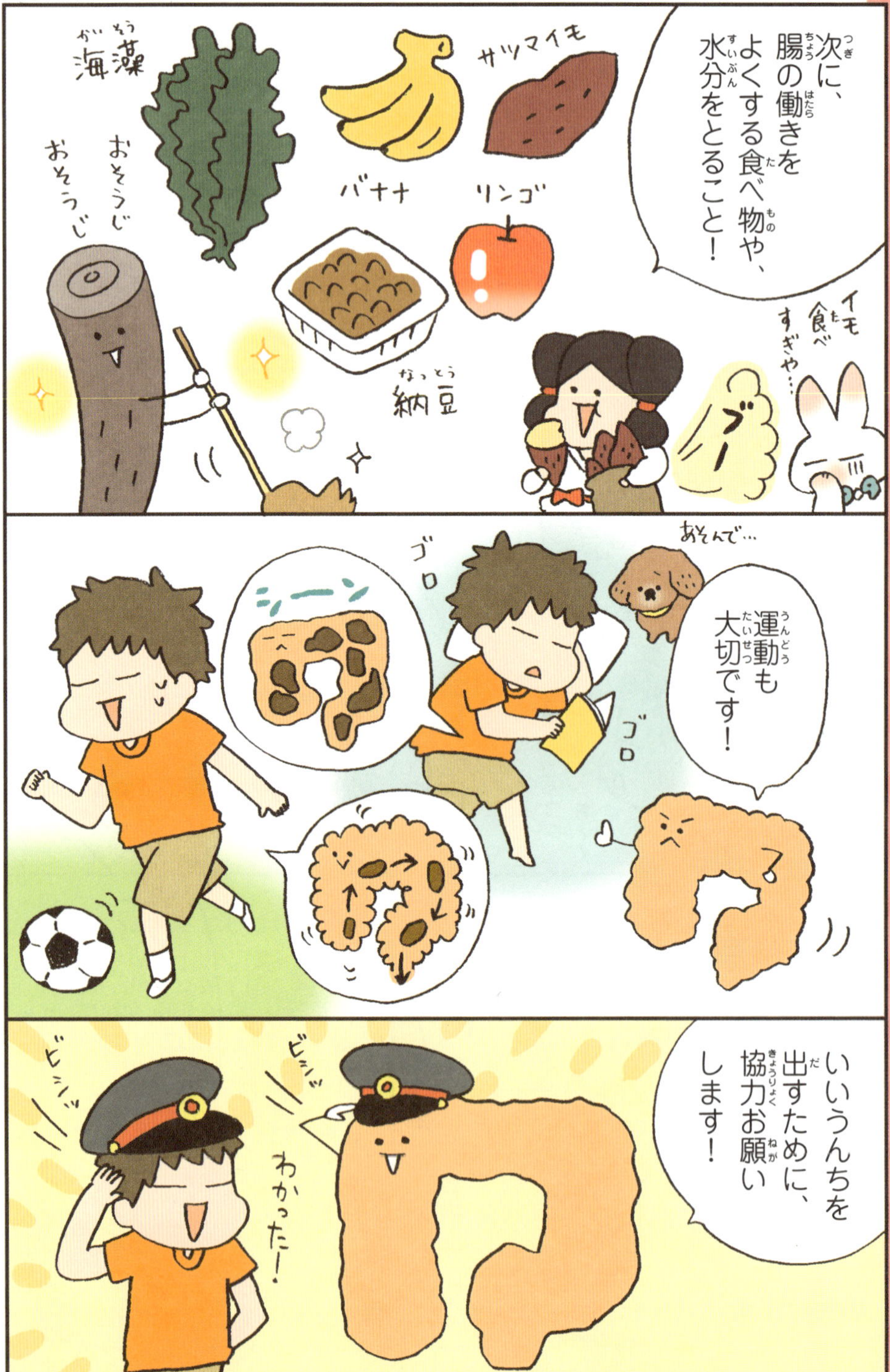
次に、腸の働きをよくする食べ物や、水分をとること！
サツマイモ
海藻
バナナ
リンゴ
納豆
おそうじ
おそうじ
イモ食べすぎや…
ブー
大切です！運動も
あそんで…
シーン
ゴロ
ゴロ
いいうんちを出すために、協力お願いします！
ビシッ
ビシッ
わかった！

シンシンのまとめ　便秘を防ぐには

- 毎朝起きたら１杯の水を飲む。
- 朝ごはんを食べる。
- 登校前に，トイレに行く時間をとる。
- うんちがしたくなったら，がまんしない。
- 水分・食物繊維をとる。
- 運動する。

パッチリ
朝ごはんを食べると腸が目覚めて、動き出すんや。

今日はゆっくりトイレに行けるぞ。
スッキリ
出た〜。
うん うん
今日のうんちはすばらしい!
ハーイ
トイレ
早くしてくれー!
コンコン

「やせたい!」「やせなきゃ!」に注意

細
かわいい~
きゃっきゃっ
きゃっ
こんなふうになりたーい。
ステキ~
私、太ってる? ダイエットしなきゃ。
ごちそうさま…。
残すならちょうだい
おやつは?
いらない…。
目標 −3kg!!
おなかすいた…でも、がまん!
グゥ~
保健室へ!!
ユミちゃん!?
フラッ
バサ
バサー

保健室
ごめんね…
心配したでー
ムチャなダイエットは、きけんだよ！
食べないと栄養が足りなくなるし、よけいやせにくくなることもあるんや。
ガッテンだー
ぎゅう ぎゅう
栄養
ため ためー
栄養が足りない！ためないと！
えっ!!
女の子は、生理が始まる時期に体型もふっくらするけど、気にしなくても大丈夫。
そして私のような大人のレディに！

無理なダイエットをすると、生理がこなくなることもあるのよ。
そうなの!?
やせすぎも、太りすぎも、体によくないよ。きちんと食べて、運動もしていれば、大丈夫！
バッ

シンシンのまとめ ❶ 体にいい食べ方をしよう

1日3食，バランスよく食べよう

規則正しい食事のリズムで，いろいろな栄養をとることが大事だよ。

よくかんで食べよう

早食いだと満足感が得られず，たくさん食べてしまいがち。よくかむと，消化にもよく，食べすぎも防げるよ。

モグモグ
モグモグ

シンシンのまとめ ❷ 体を動かしてみよう

運動して筋肉をつけると，エネルギーを燃やしやすい体になるよ。
体を動かしておなかがすくと，ごはんもしっかり食べられるね。

ガンバレ〜

ムキッ
ゴー

シンシン、何してるの?
ハッ
ハッ
実はぼく、大好物のおもちを食べすぎて…。
デブ〜ン
がんばって体を動かそう!
ドタドタ
おそいぞ〜!
おもちは1日1個!

自分が知っている魚を描いてみよう。
これは？
サケです！
サケは、もともとはこんな姿だよ。
ビチ
ビチ
漁師さんがつって
切り身に加工され，運ばれて
お店に並ぶんだ。
サケ お買い得
キュウリは、どんなふうになっているか知ってるかい？
えーと…
こうかな？
こうじゃない？

キュウリは、つるになるんだよ！
へぇ〜
へぇ〜
自分たちの体をつくっている食べ物のこと、もっとよく知ろう。
料理のお手伝いをしてみるとええで！
カー
カー
スーパー
コータ、かぜぎみだったから、元気の出るものをつくろうか。
わーい
秋の味覚
生サンマ
旬のサンマね！
あらっ
旬って？
旬は、野菜や魚がいちばんよくとれて、味もおいしい時期のことよ。
サンマは秋が旬なの
安いし〜♡
今は1年中、いろんな食材が手に入るけど…
冷凍
えだまめ
旬の食べ物は、おいしくて栄養もたっぷりだよ。
ご試食どうぞ〜
シンシン！
サンマ

食べ物の旬を知ろう

春

アスパラガス・春キャベツ・タケノコ・イチゴ

冬の間に体の中にたまった不要なものを外に出す食材が多いよ。

夏

トマト・キュウリ・トウモロコシ・スイカ・アジ

トマトやキュウリなどの夏野菜は，体を冷やす効果があるので，食べると夏バテしにくいよ。

秋

サツマイモ・サトイモ・キノコ類・カキ・ナシ・サンマ

食物繊維が豊富なイモ類で体調をすっきり整えよう。

冬

ハクサイ・ニンジン・ダイコン・ホウレンソウ・ミカン・ブリ

ニンジン・ダイコンなどの根菜類を食べると，体があたたまるよ。

コータも、少しずつ料理を覚えてね！
ほらっ手伝って！
ゴロ
え〜
ゴロ
なんで料理が大事なの？
comic

お米をたくと、ふっくらやわらかくなるでしょ。
料理すると、食べ物の栄養を体に取り入れやすくなるんだ。
生だと固くて食べられへん！
ワーイ
ワーイ
いろんな食材を組み合わせると、たくさん栄養がとれるんだ。
たんぱく質
ビタミン
食物繊維
いいにおい〜
カレ〜
じ〜
同じ食材でも、調理法によって、いろんな味を楽しめるの。
ジャガイモ
カレー
ポテトサラダ
肉じゃが
食べ物を、おいしくいただくための工夫やね。
つまみ食いっ

野菜たっぷり 栄養サラダをつくってみよう！

できるところをお手伝いしよう。包丁や火を使う調理は，必ずおうちの人といっしょにやろう。

1 野菜を洗う。

2 レタスをちぎる。

3 キュウリ・トマトを切る。

4 ゆで卵のからをむいて，切る。

5 ドレッシングをかけて，混ぜる。

完成！

このサラダ、おいしいな。
おっ
ぼくがレタスをちぎったんだよ！
お手伝いすると、さらにおいしく感じるかも！
パリ…

親子でおやつをつくってみよう！ レンジで簡単♪

グレープフルーツゼリー

材料（2～3人分）

●粉ゼラチン…5g
●グレープフルーツジュース（果汁100%）…250cc
●水…大さじ2　●砂糖…大さじ1

1 粉ゼラチンを水でふやかす。

2 電子レンジ(500W)で約30秒加熱し，ゼラチンをとかす。

チン

3 砂糖を加えて混ぜてとかす。

4 グレープフルーツジュースを少しずつ加え，混ぜる。

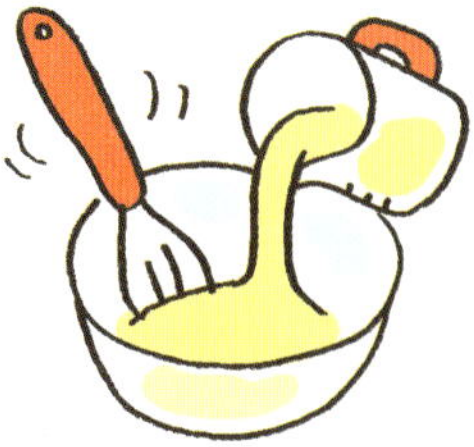

5 容器に流し入れ，冷蔵庫で2時間ぐらい冷やし，固める。

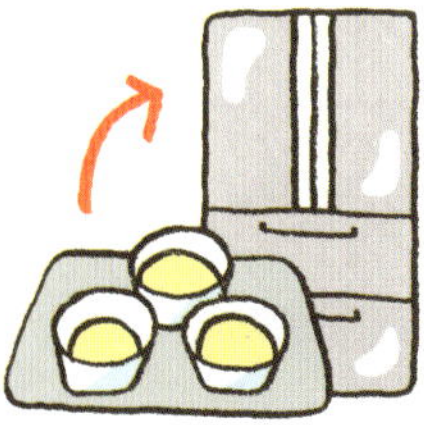

完成！

フルーツをそえても◎。

ゼラチンはたんぱく質，グレープフルーツはビタミンCが豊富よ。

砂糖の量はお好みで調節してね。オレンジジュースでもできるよ！

運動で、体と心をリフレッシュ

サッカーしない？
あーそーぼー
うーん、ぼくはやめとくよ。
ワクワク
本が読みたいんだよね。
まほうのぼうけん
翌日
おもしろーい
二日後
ドキドキ
三日後
あーそーぼー
読書もとっても素敵だけど、たまには体を動かしてみない？
ずーっと動かないと、オレたち、弱っちゃう！
筋肉さん！
よぼよぼ
えっ
丈夫な体をつくるために、運動が大事なんや。
パタンッ

シンシンのまとめ ① なぜ運動が大切？

病気になりにくい体をつくるため

適度な運動で体をきたえると，ウイルスなどの敵から体を守る力がつく。

肥満を防ぐため

運動しないと，食べたエネルギーが体の中にたまって，太ってしまう。

ポヨン

自分の好きなスポーツをやってみるといいよ！
カキーン
おすっ
でもぼく、スポーツはどれも苦手なんだよね。
そうじとかもね
ふだんの遊びや生活の中で、体を動かすことを心がけてみよう！

シンシンのまとめ ② できることで体を動かそう

ストレッチ
ラジオ体操
第2ー
階段を使う
なわとび
犬の散歩

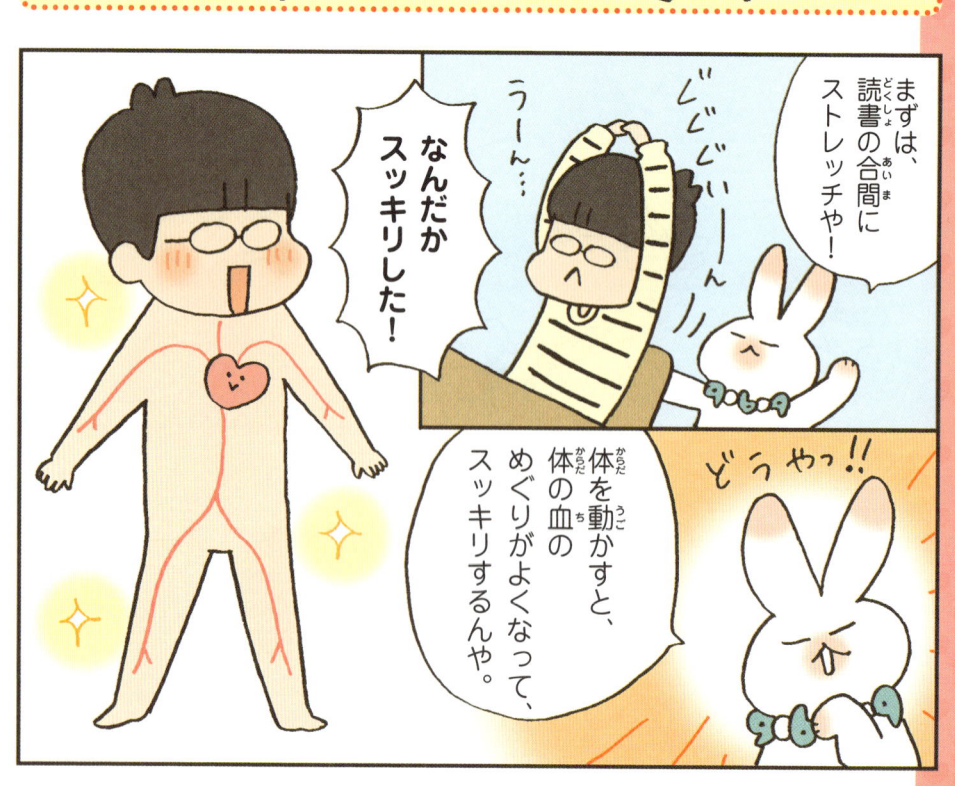

まずは、読書の合間にストレッチや！
ぐぐぐい〜〜ん
うーん…
どうやっ!!
体を動かすと、体の血のめぐりがよくなって、スッキリするんや。
なんだかスッキリした！

勉強や読書の合間に、深呼吸するのもおすすめ！
酸素
わかった！
きゅうけい〜
つかれたな…
フゥ
意外に楽しい！
あそぼー
サッカーしない？
それより、みんなでダンスしようよ！
すごーい
楽しく体を動かそう！
YO！
YO！
YO！
ダンスを習い始めたんだ！

お休みタイムをつくろう

もうすぐ運動会
今年は絶対、50メートル走で1位になるぞ!
特訓だ!!
朝は5時に起きてジョギング!
PiPi PiPi
寝る前に、腹筋!
121・122・123…
ハー ハー
お父さんのマシン…
ハー ハー
1週間後
げっそり…
運動は、無理しすぎちゃダメ!
やすませてほしいぜ〜
ぼくたち、もうヘトヘト。ちょっと休ませてくれ…。
あーゴメン…

運動すると、強くなれるんじゃないの？
がんばったのに～
休むことも大切なんだよ。
休まずに運動を続けると、体をいためてしまうんだ。
ヨロ
つかれたぜ～
うーんうーん

シンシンのまとめ　体を休めて，つかれをとるには

ごおー
つかれがとれた！

1 睡眠をしっかりとる

寝ている間に，つかれが回復するよ。

フー

2 お風呂に入ってリラックス

あたたまると緊張がやわらぎ，よく眠れるよ。血のめぐりがよくなると，つかれもとれやすくなるよ。

3 栄養をきちんととる

運動すると，エネルギーを使うから，しっかり栄養をとることが大事だよ。

うまい！

運動は、無理をせずコツコツと！
ぐぎぎ
15kg
15kg
カレンダー
じゃあ、練習は曜日を決めてやることにする！
すごっ
今日は、15分だけジョギング！
おかわり!!
ピュ～
zzz…
重い…
運動会当日
ワー
ワー
ワー
ワー
キャー
キャー
1位よ！
がんばったかいがあったね！

シンシン＆ミミオ 二人の出会い

シンシンが、立派な神様になる修行のため、全国を旅していたころ…
モグ
モグ
あいつ死んでる…
大阪のある町で、たおれている1匹のうさぎを見つけました。
ウマそうなにおい…
グウ〜
おなかがすいて動けないの？かわいそうに。
ぼくのたこ焼き、食べる？ 最後の1個だけど…。
しかたない…
じーーっ
食べづらいわ！
…ともかく、シンシンに命を助けられたミミオ。
お礼に、お供するで！
どこ行くんや
とりあえず大阪城かな…
こうして二人は、相棒になりました。

よく眠ることも、大切

よっしゃー
GAME
ピコ
ピコ
行ってきまーす…。
あれ パジャマのままじゃ…
ボー
さかさまよ!
ボー
ニコニコ
ボー
ドカッ
いてっ
zz…
また…
コータくん!
今日はどうしたんだ?
ぼくも眠い〜
睡眠不足だよ! 夜ふかししたから。
でも、したいことがいっぱいあるし…。寝ている間は、なにもできないんだもん。
ボー
ウトウト

なにもしてないこと、ないで！
zzz…
眠ることも、体にとって大切なんだよ。

睡眠は，なぜ大切？

❶ 体の成長のため

Zz…
成長ホルモン
のびた!!

眠っている間に，体を成長させる物質が出ているよ。

❷ つかれをとるため

おやすみ〜
今日もよく働いた！

昼間の活動でつかれた細胞が，寝ている間に元気を回復するよ。

❸ 頭や心を休め，調子を整えるため

いそがしぃーっ
GAME

ムニャムニャ

1日中働いた脳は，寝ている間に休んだり，記憶を整理したりするよ。休まないと，調子が悪くなるんだ。

ウトウト
ちゃんと寝ないと、集中力がなくなったり、イライラしたりするよ。
休みの日にいっぱい寝ればいいんじゃない？
ボーッ
毎日、決まった時間に寝たり、起きたりすることが大事なんだ。
おはよー
おやすみ〜

睡眠も，1日のリズムが大切！

朝，起きて朝日をあびると…

朝だ！
パチッ

体が「朝だ！」と感じる。

夜，暗くなると…

もう寝よう～。
ふわあ…

体が「夜だ！」と感じ，眠くなる。

休みの日に
寝坊しすぎると…

ボ～
まだ朝じゃないよね…？

「朝だ！」のスイッチが
入らない。夜眠れなくなる。

夜おそくまでテレビや
ゲームの画面を見ていると…

今は昼？夜…？
アハハ

体が「まだ昼間？」と
かんちがいして，眠れなくなる。

…って聞いてる？
ぐおー…
スピー

眠れないときは、どうしよう？

明日のテスト、大丈夫かな…この前、点数悪かったし…。
ぼくの将来、大丈夫かな…。
サーッ…
眠らなきゃ！ひつじが1匹、ひつじが2匹…。
もう12時！
にゅっ
うさぎが…わあ！
こんばんは—
眠れないのは、つらいよね。
びっくりした…
ドキドキ
考えごとやゲームなどで脳が興奮していると、眠れなくなっちゃうんだ。
コータくんみたいにゲームしてたの？
ちがいます！
眠れないときは、どうすればいいの？

眠れないときは

❶ 早起きして，朝日をあびる

うーん

眠れなくても，朝は同じ時間に起きるようにしよう。

❷ 昼間，運動する

体が適度につかれると，眠りやすい。

❸ 寝る前に，リラックスする時間をつくる

- 心が落ち着く静かな音楽を聞く。うるさい音楽は，興奮して眠れなくなるので，さける。
- ホットミルクなどを飲む。緑茶などは，目が覚める成分が入っているので，とらない。

しん…

❹ 寝る環境を整える

- 明かりを消す。
- 音を消して静かにする。
- 清潔なふとんやまくらを使う。

最後に、とっておきの方法を教えよう！
えっ なになに？
それは…眠れなくても、気にしない！
なにそれ…
えー？
サトシくんはまじめだからがんばりすぎちゃうんだね。
眠ろうとがんばりすぎなくても、大丈夫だよ。
そ…そうなのか
自分に合う方法を見つけてや。
数日後
サトシくん、眠れるようになったかな？
コツ コツ
わっ
Zz…
こうすると落ち着くんだ～。
うさぎだらけ！
自分がリラックスできればOK！

夢からさめたら…

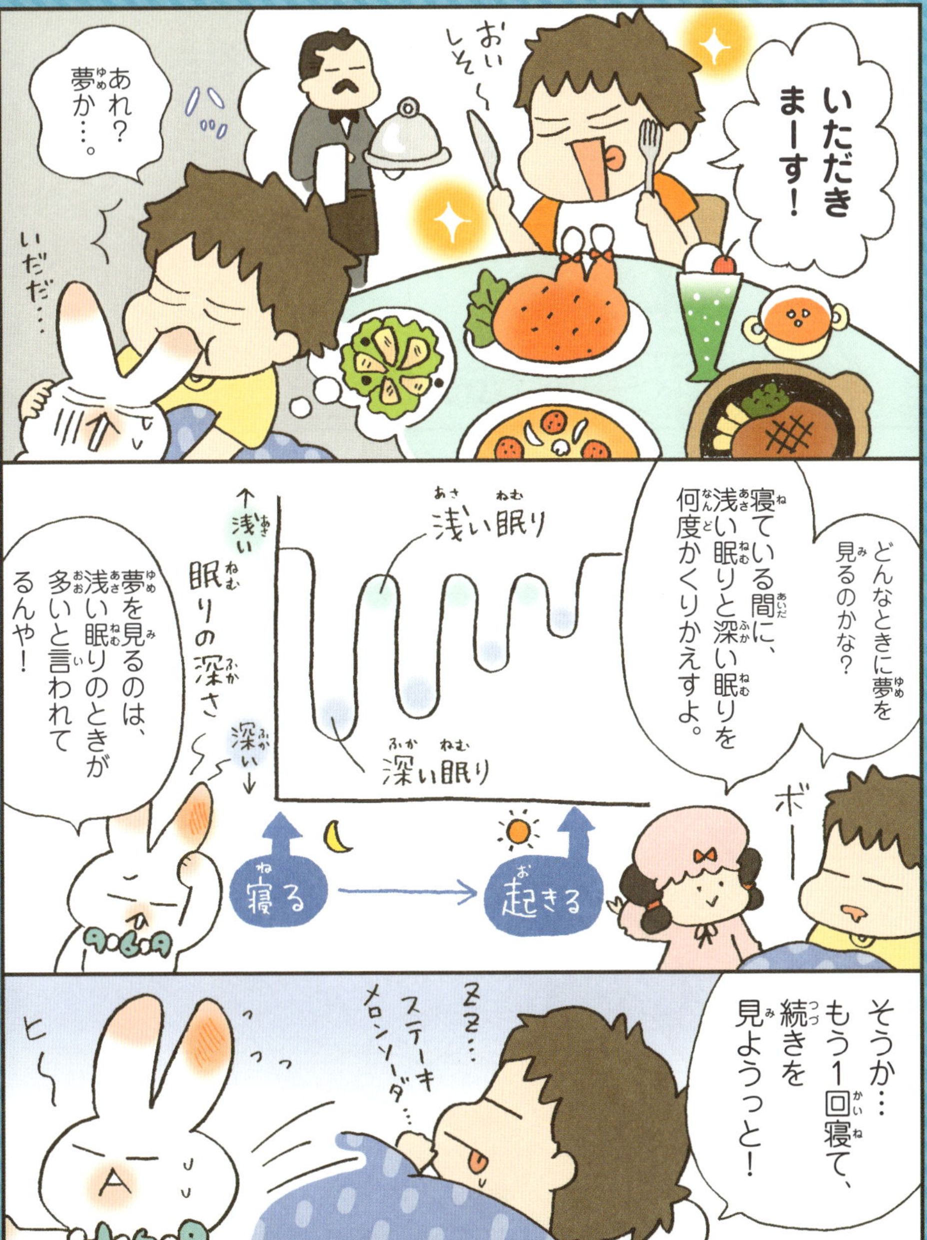
いただきまーーす！
おいしそ〜
あれ？夢か…。
ハッ
いだだ…
どんなときに夢を見るのかな？
寝ている間に、浅い眠りと深い眠りを何度かくりかえすよ。
浅い
眠りの深さ
深い
浅い眠り
深い眠り
寝る
起きる
夢を見るのは、浅い眠りのときが多いと言われてるんや！
ボーー
そうか…もう1回寝て、続きを見ようっと！
Zz…
ステーキ
メロンソーダ…
ヒ〜

シンシン&ミミオ

温泉でリラックス♪

ぼくたちの趣味は、温泉めぐり！
まず体をきれいに洗って、スッキリ！
もこもこ
お湯につかると、血のめぐりがよくなって、体がポカポカあたたまる！
注・シンシン
サラー
おうちでもシャワーですませず、湯船につかるのがおすすめや！
温泉サイコー
はいっ おみやげ！
まんじゅう
ふたりだけでズルイ〜

4章

心も健康に過ごそう

心と体は、つながっている

水泳大会
今年は、優勝するぞ！
ライバルのアキオに絶対勝つ！
去年は…
くそー
みんなも注目してる！
いや コータも…
今年もアキオだろ
ハッ
アキオく〜ん がんばって〜
ドキ ドキ
キャー
アキオ ヨユーそう…
フッ
ドキドキ、バクバク…。
なんだこれ？
!?
いろんな気持ちは、体にあらわれるんや！
コータくんの気持ちが、胸のドキドキにあらわれているよ。

心と体のつながり

こんな気持ちのとき，体はどうなるかな？

こわいとき

ブルブルふるえちゃう！
○○家之墓

緊張しているとき

ドキドキする！体がかたい感じ！
カチ
コチ

はずかしいとき

ドキ
ドキ
顔が赤くなって、あせが出てくる！

悲しいとき

涙が出る…。
さよーならー
うれしいときも、涙が出るよ。

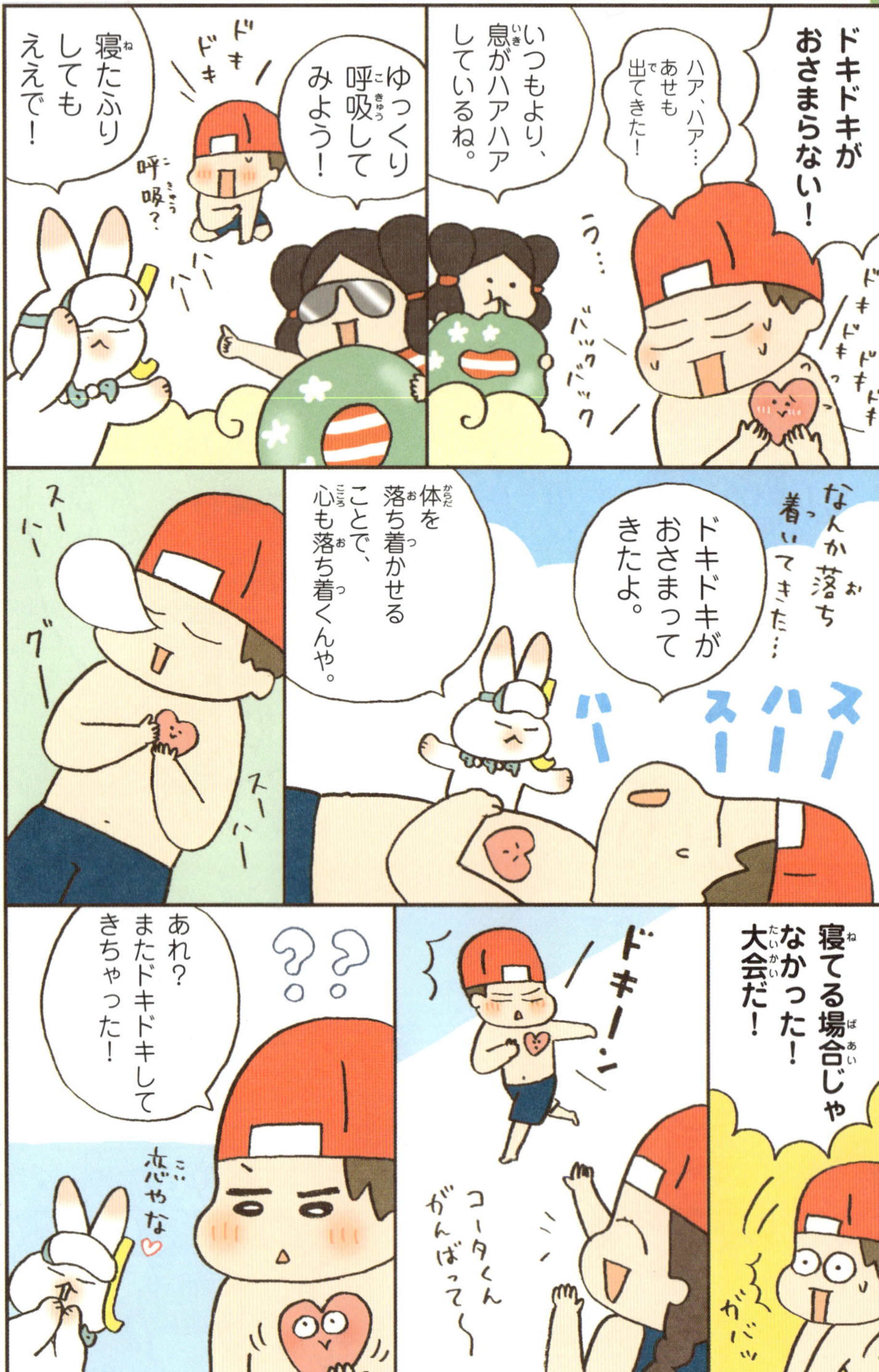
ドキドキがおさまらない！
ハア、ハア…あせも出てきた！
ドキドキドキッドキドキ
パックパック
ウ…
いつもより、息がハアハアしているね。
ゆっくり呼吸してみよう！
ドキドキ
呼吸？
寝たふりしてもええで！
なんか落ち着いてきた…
ドキドキがおさまってきたよ。
スーハースーハー
体を落ち着かせることで、心も落ち着くんや。
スーハーグー
スーハー
寝てる場合じゃなかった！大会だ！
ガバッ
ドキーン
コータくんがんばって〜
あれ？またドキドキしてきちゃった！
恋やな

気持ちを体であらわした慣用句

顔から火が出る

ボッ

意味 とてもはずかしい。

あいた口がふさがらない

ぽか〜ん

意味 驚きあきれる。

肩の荷が下りる

ドサッ
ホッ
にもつ

意味 役割や責任から解放されて，ほっとする。

胸が痛む

チクッ

意味 心配などで苦しむ。

じしょ

「体」を使った慣用句は，ほかにもいろいろあるよ！
次の意味を調べてみよう。
❶腹を割る　❷腰をぬかす　❸首を長くする

答え ❶本心を打ち明ける。❷驚きやこわさで動けなくなる。❸待ち遠しい。

ドキドキ・緊張が続くと…

席がえ
18
12
ダイスケくんのとなり、いやだなあ。
この線から入ってくるなよ！
ウ…うん
クレヨンでかいちゃった…
おい！消しゴムかしてくれ！
びくっ
はっはいっ
なんだか、気が重いな…。
ハァ…
おはよー
ごちそうさま…。
ハァ…
ハァ…
チッ チッ
ねむれない!…
チッ
チッ
チッ
最近、よくおなかが痛くなるわね。病院へ行きましょう。
イタタ…

体に異常はありませんね。
フーム…
にゅっ
心が原因かもしれないね!
そ…そうなんですよ
だれ!?
不安や緊張が続くと、体の調子が悪くなることがあるんだ。
体を調節しているコンビに登場してもらおう。
ドキドキくんでーす
はいっどーもー
ゆるっとちゃんでーす
ぼくは、みんなが活動的に動いているときに働くよ。
ほらっシュート
私は、みんなが眠ったり、リラックスしているときに働くの。
ムニャ
フフ…

元気に
活動することも、
ゆっくり休むことも、
どっちも大事。
アッハッハー
アハハー
フフフ
バランスをとって
働いているの！
ドキドキくん
（交感神経）
●心臓をドキドキさせる
●呼吸を速くする
●筋肉を緊張させる
ゆるっとちゃん
（副交感神経）
●心臓をゆっくり動かす
●呼吸をおだやかにする
●筋肉をゆるめる

不安や緊張が続くと、
ドキドキくんが
働きすぎてしまうんだ。
いやだ〜
こわい〜
ドキドキ
ねむれない…
ちんまり…
ぐい〜ん
ゆるっとちゃんが
弱ると、
サトシくんも
うまく休めなくて、
具合が悪くなるんや。

でも、ダイスケくん苦手なんだもん…。
どうすればいいの？
フフッ
ゆるっとちゃんと仲良くしてみよう！

ゆるっとちゃんのリラックス講座

ゆっくり呼吸してみよう！ 呼吸にあわせて，おなかがふくらんだり，へこんだりするのを感じよう。

スー
ハー

フフフ…
体がリラックスしたら、気持ちも落ち着いたみたい。
ダイスケくんのことは気にしすぎず、好きなことをしようっと！
おもしろそうだな！

なぜ不安や緊張で苦しくなるの？

学芸会
役
桃太郎
コータ
では、桃太郎役はコータくんにお願いします。
コータくん、がんばって！
ぼくにまかせて〜
ーえっ!?
主役って、セリフがいっぱい！
こんなに覚えられないよー。
ど…ど…どうしよう
台本
主役だって!!
コータ、すごいな。
がんばってね！
う…うん…
セリフ覚えられるかな
本番で失敗するかも…？
あ…セリフが…
ストレスがたまってるな！
うーん
うーん
だいぶ、しんどそうだね…。

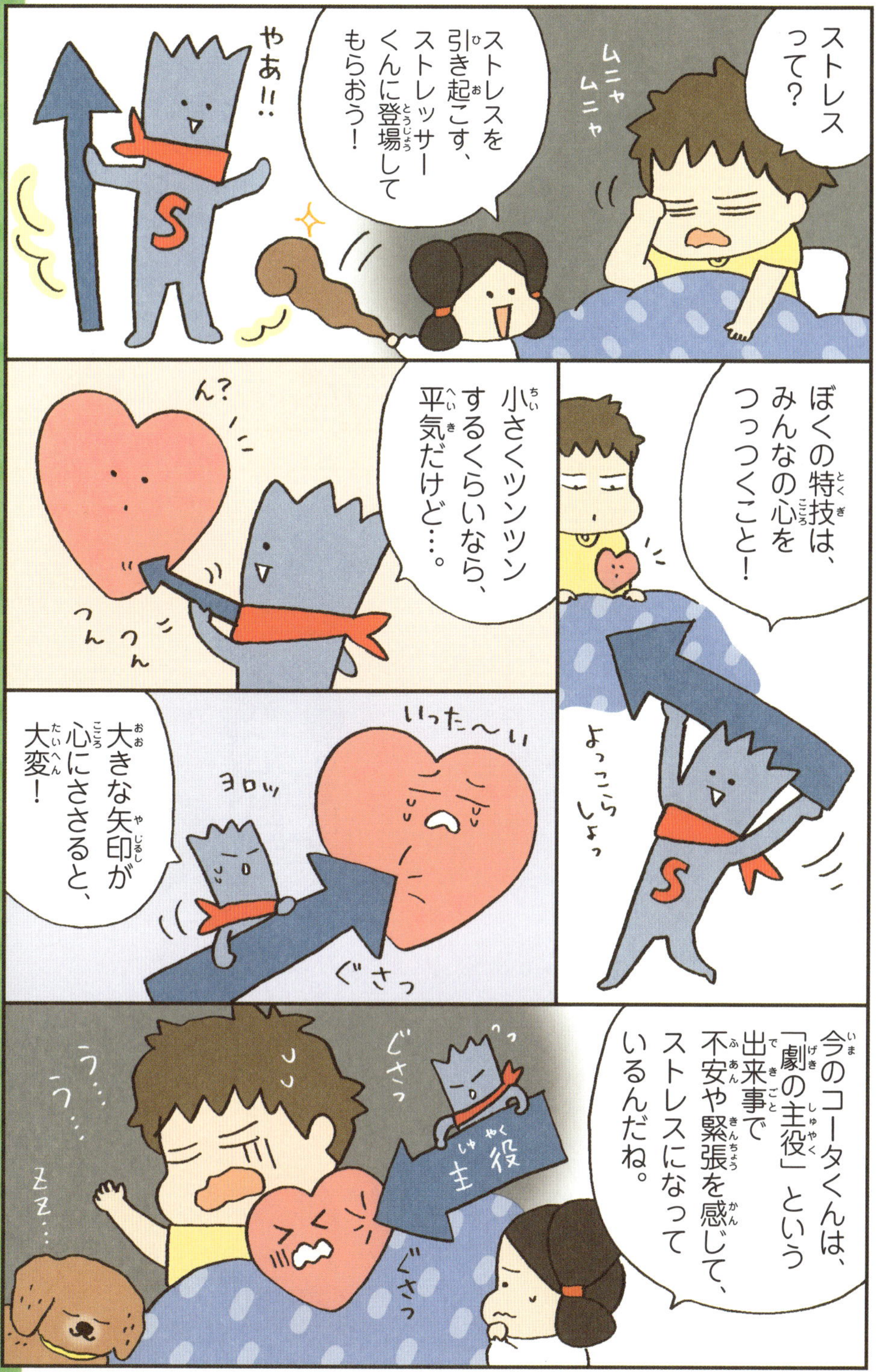
ストレスって？
ムニャムニャ
ストレスを引き起こす、ストレッサーくんに登場してもらおう！
やあ!!
ぼくの特技は、みんなの心をつっつくこと！
よっこらしょっ
小さくツンツンするくらいなら、平気だけど…。
ん？
つんつん
大きな矢印が心にささると、大変！
いった〜い
ヨロッ
ぐさっ
今のコータくんは、「劇の主役」という出来事で不安や緊張を感じて、ストレスになっているんだね。
ぐさっ
主役
ぐさっ
う…う…
zz…

ううっ…
ストレッサーくんの正体は、「いやな出来事」ってこと?
いやな気持ちが原因で体調をくずすことを、「ストレス」ということが多いよ。
でも本当は、どんな出来事もストレスなんや!
夜中にウルサイ…

出来事（ストレッサー）	心や体の変化（ストレス反応）

好きな子にプレゼントをもらう
はいっ
ドキーン
うれしい
ドキドキする
ドキドキ

好きな子に冷たくされる
プイッ
悲しい
食欲がなくなる
ガーン

眠れないのは、ストレスのせいなのかな？
ストレスで、どんなことが起きるの？
気持ちや体に、いろんな変化が起きるよ。
人によってちがうで！
グルル…

ストレスがたまると…

気持ち

- ゆううつ
- イライラする
- 集中できない
- 落ち込みやすい
- やる気が出ない
- 悲しくなる

など

ハァ…
ぐすっ

体

- だるい
- 眠れない
- 腹痛
- 食欲がない
- 頭痛
- めまい
- かぜをひきやすくなる

など

イタタ…
くらっ

行動

- やつあたりする
- やけ食いする
- さけびたくなる
- 人に会いたくない

など

ストレスの大きさも、人によってちがいます。
いたっ
グサッ
くすぐったく〜い
チクッ
出来事
ストレスの感じ方は、人それぞれ。いい・悪いはないよ。
ストレスを感じてるのはわかったけど、劇の主役どうしよう?
まだ1行も覚えてない…
台本
大丈夫! まだ十日もあるよ!
大きいストレスを感じていると、悪いほうへ考えてしまいやすいんだ。
あ〜
悪いほう
十日しかない! 無理! できない!
ドテッ
あっ セリフ…?
カッコわる〜い
アハハ
モヤ〜
もうダメだ…

そんなときは、ゆるっとちゃんと仲良くしよう。
スー
ハー
フフ…
本番でコケたら目立てておもろいのに
スー
ハー
なんだか、できる気がしてきた！
うんうんっ
まだ十日もある！大丈夫！
ワー
ワー
その調子！
ガルルル
ウルサイ…
パタ
じー
もう寝ちゃった！睡眠も大事やで！
ストレスは、だれにでもあるよ。うまくつきあえるようになることが大事だよ。
次のページへGO!!

いやな気分になっても、大丈夫!

コータが悪いんだろっ
サトシのバカッ
アホッ
コラッ
ドン
プータンじゃまっ
ガブー
いたー!
コータくん、イライラしてるね。
つん
つん
イライラを放っておくと、体に悪いで!
じー
イライラをなくすために、体と心をよーく観察しよう!

自分の体と心を観察しよう！

体の様子をじっくり観察しよう！

怒っているとき

頭に血がのぼる。

イライラしているとき

トン
トン
トン

貧乏ゆすりをする。

くやしいとき

ギリ…

歯を食いしばる。

心はどうなっているかな？
出来事と気持ちを書いてみよう。

・サトシが悪口を言ったから、腹が立った。
・家に帰ったらおやつがなくて、いやだった。おなかがすいて、よけいイライラした。
・イライラする気持ちをおさえられなくて、プータンにいじわるしてしまった。

ハッ
悪口
おなかがすいた
そうか、だからイライラしていたのか。
ハラペコも原因なんて
イライラの正体に気づけて、よかった！
イライラを放っておくと、具合が悪くなることがあるよ。
ドーン
フラ
!!
でも、いやなことがあったんだから、しかたないでしょ！
そんなときは、気分転換がおすすめよ！
ウフフ…
気分を変えると、ぼくたち、バランスよく働けるようになるんだ。
なにしたらいいのかな？

気分転換しよう

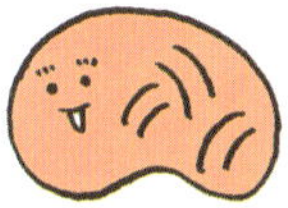

好きなことやワクワクすることをすると，いやな気分が消えるかも！

リラックスして，体を休める

ポカ
ポカ
体を休めると，心も落ち着くよ。

体を動かして，リフレッシュする

HIPHOP
軽い運動は，気持ちを切りかえるのに役立つよ。

自分の気持ちの「くせ」に気づこう

コータのわからずや
サトシのトンチンカン!
なんだと!?
またケンカしちゃった。
ムー
気持ちを見つめられるようになったね! 自分の「くせ」に気づけると、もっといいよ!
くせって?
またケンカ?
鼻くそほじるとか?
ホジ
ホジ
人には、気持ちや行動の「くせ」があるんだ。
コータの場合は、「カッとしやすい」やな!
ホラな!
カチン
…たしかに

一方、サトシは…
あーあ、またケンカしちゃった。
もう、仲直りできないかも…。
一生、友だちができなかったらどうしよう！
ヨヨヨ…
サトシくんのくせは、「悪いほうに考えやすい」かもしれないね。
さっきはゴメン…
自分のくせに気づくと、いいことあるの？
あれっコータ？
自分で、行動を変えやすくなるよ！
仲直りできたね！

カッとしやすい人の場合

人の言葉にすぐ
カッとなる。

コータってさ〜
カッチーン
なんだと〜

イライラを爆発させて，
よけいいやな気持ちになる。

サトシのやつ！
イライラ

「口ぐせ」はどんなかな？

カッとしたときの「口ぐせ」に気づこう。

むかつく！

あいつが悪い！

ぼくのせい
じゃない！

自分でイライラを
おさめられたら
ええね！

ハア〜

悪いほうに考えやすい人の場合

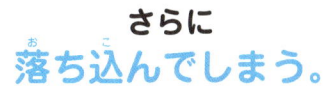

ものごとを
悪いほうに考える。

仲直りできないかも…

さらに
落ち込んでしまう。

ズーン
おなかイタイ…

「口ぐせ」はどんなかな？

悪いほうに考えたときの「口ぐせ」に気づこう。

どうせ無理だ。

自信がない…。

絶対うまくいかない。

気分よくいられる「くせ」を身につけられるとええな。

「今」を大切にして、ストレスと仲良くしよう

えっ!?
ヒソ
ユミちゃんて—
ヒソヒソ
あっしー
もしかして私、悪口言われてる?
明日、みんなでピクニックに行く約束してるのに…。また悪口言われたらどうしよう。行くのやめようかな。
ゆううつストレスにとりつかれてるな。
どよ〜ん
ゆううつストレスは、昔のことや先のことで心配させるのが大好きなんだ。
そして、今の楽しいことを忘れさせるんや!
えいっ
えいっ
とれない〜

いやな出来事は，今起きているかな？

昨日の出来事（過去） → 今のユミ（現在） → 明日のこと（未来）

悪口を言われたかも。ショック。
また悪口を言われるかも。いやだなあ。

今起きていないことのせいで、ずっといやな気分が続いているね。
大丈夫？
気になっちゃうんだもん…。あー、おなかが痛くなってきた…。
いやな出来事をいったん忘れて、心を落ち着かせてみよう。
ゆるっとちゃんが、元気になるで！

不安なときに心を落ち着かせる方法

ゆううつなことはいったん置いておいて，今の「体の感覚」「気持ち」をじっくり感じてみよう。

ゆっくり呼吸する

静かに，深い呼吸を
続けよう。

スーハー

体がリラックスして，心が落ち着いてくるのを感じよう。

いいにおいをかぐ

花，果物，せっけん…
好きなにおいをかいでみよう。

いいにおい〜

いいにおいをかぐと，元気が出たり，幸せな気分になったりするよ。

やわらかいものをさわる

動物やぬいぐるみをさわったり，
毛布にくるまったりしてみよう。

ぎゅっ

やわらかさやあたたかさを感じると，安心できるよ。

好きなものを食べる

いつもよりよくかんで，
口の中の食べ物の味を感じよう。

「おいしいなあ」と感じると，体の中から元気が出てくるね。

音に注意してみよう。小鳥の声…、車の音…。
カー
チュン
ブブー
チュン
「今」に集中すると、気持ちがスッキリするみたい。
ゆううつストレスバイバーイ
ピクニック、気持ちを切りかえて楽しもう!
行ってきまーす
いやだったら、途中で帰ればいいや!
おはよー
ヒソ
ヒソ
ドキッ
ユミちゃん、お誕生日おめでとう!
みんなでプレゼント決めたの!
ユミちゃんてなにがほしいかな
サプライズしよう!
コソコソ
ありがとう!
悪口じゃなかったんだ…。
かんちがいにも、注意やな!
よかったな

つかれて何もできなくなってしまったら…

算数の成績が下がったね。
塾へ行ったらどう？
うん…
通知表
がんばって！サトシならできる！
お母さんたちをがっかりさせられない！
次の試験まで、大好きな本もがまん！
算数
カレンダー
しけん
1か月後
サトシくん、やせたんじゃない？
このごろ食欲なくて…。
フラ
あのさー…？
へ～

何もやる気がしないんだ…。
ちょっと、がんばりすぎちゃったかな。
ポケ〜
がんばることは、すばらしいよ。でも、無理をしすぎないことも大事だよ。
はぁ…
自分の体と心の声をよく聞いてや！

体と心のSOSに気づこう

こんなときは，体と心がピンチだよ。おうちの人や先生に相談しよう。

ヒョロ〜

食欲がぜんぜんない。
急に体重が減った。

ねむれない…

眠れない日が続く。

Book
フゥ…

何をしても楽しくない。

ポ。
ポ。

急に悲しくなったり，
泣きたくなったりする。

心の声を聞こう

自分の気持ちを知ろう

気分転換しよう!!
うん
バイバイ〜

ゆううつ，イライラなど，いやな気持ちに早めに気づこう。

一人で悩まず，聞いてもらおう

塾の勉強が大変で…。
うん
うん

つらいことや悩みがあるときは，家族や友だちに，話を聞いてもらおう。

聞いてもらうだけで，心が軽くなることもあるよ。

最近元気ないけど、どうしたの？
ありがとー
聞いてもらってスッキリしたよ。

自分の体と心を大切にしよう

自分の体や心の声を無視していると，体調が悪くなることもあるよ。健康に過ごせるように，自分を大切にしよう。

オッケ〜
みんな、調子はどう？

無理しなくていいぞ。塾に行く日を減らすかい？
元気ないよな…
健康で、元気に過ごすのがいちばんよ。
うんっ
あーー
ぼそ
ちょっとは、がんばってね…。
ダラダラ…
あとでね〜
BOOK
せんべい

ストレス解消法❶

「言葉」で気分を変えよう！

126～129 ページで見たように，人にはそれぞれ考え方のくせや，「口ぐせ」があるよ。元気が出る言葉や，気持ちが落ち着く言葉を口に出すと，心と体が元気になるよ。

元気が出る言葉

よし、やるぞ！
がんばろう！
きっとできる！

気持ちが落ち着く言葉

大丈夫、大丈夫。
なんとかなるさ。
ま、いっか。

うれしくなる言葉

ワクワク♪
楽しいな♪
ありがとう！

ストレス解消法❷

「笑い」でストレスをふきとばそう！

アハハ

「笑い」には，ストレスを減らす効果があると言われているよ。

笑うと，私と仲良くなれるよ！

なんでやねん～

お笑い番組を見る

漫才や，好きなお笑いタレントのテレビ番組を見て，腹の底から笑おう。

笑顔になってみる

笑顔をつくると，顔の筋肉の動きが脳に伝わって，楽しい気持ちがわいてくると言われているよ。鏡を見て，笑顔になってみよう！

鏡よ鏡よ
鏡さん～

なんでやねん！
クスッ

面白いことを考える

面白いことや，楽しくなることを考えてみよう。心の中で自由に想像をふくらませて，ワクワクしよう。

トン
トン
トン
旬の野菜、おいしい！
今日のダンスレッスン、楽しかったな〜。
フゥ〜
リラックス〜
ZZZ…
ト
おっ
ピーマン食べられるようになったのか。
おかわりっ!!
うんっ！
じーーっ

ワオーー！
シャカ シャカ
おやすみなさーーい
みんな、元気に過ごしてるな！
もう、教えることなくなっちゃったね。
なんだかさびしいし、ひまだな～。
もっち もっち
ボリボリ…
だらだら～…
パァァァ。。。
ん？
これ、シンシンや…
はっけよーーい

えらい人や!!
あっ天の神様!
地上ではげんでいると思っておったのに…なんじゃ、その姿は。
えへっ♡
でぶ〜ん
ガッ
もう一度、天の世界で修行のやり直しじゃ!もどってきなさい!
ガーン
…というわけで、天にもどることになりました。
オレも行く!
えっ
うっ…
お別れなんて、いやだよ!
シンシン〜
ミミオー
グスン…
子どもたちよ、きみたちはもう大丈夫じゃ。

前は、こんなふうじゃったが…
ギンギン
やめて〜
あ〜
弱っちゃう〜
ピコピコ
GAME
ダラッ
ダラッ
今は、自分の体を大切にできるようになっておるぞ。
ウル…
ぼくたちのこと大切にしてくれてありがとう〜
体もよろこんでるで！
体を大切にするのを、ずっと続けることが大事じゃ。忘れてしまうときもあるかもしれんが…。
ちらっ
エヘッ
でぶん
でぶん

ぼく、修行をがんばって、立派な神様になってもどってくるよ。
きっとこんな感じに！
イケメン〜
それはないやろ…
わかった、しばらくお別れだね！
ズビー
がんばって！
必勝
体のことなら、今度は私たちが教えてあげる！
クーン
これからも、体と心の声をよく聞いて、元気に過ごしてね！
またね〜
シンシン
ミミオ
ありがとう〜